HEYNE TIERKREIS-BÜCHER

Widder 21.3.–20.4.

Stier 21.4.–20.5.

Löwe 23.7.–22.8.

Jungfrau 23.8.–22.9.

Schütze 22.11.–20.12.

Steinbock 21.12.–19.1.

Zwillinge 21.5.–21.6.

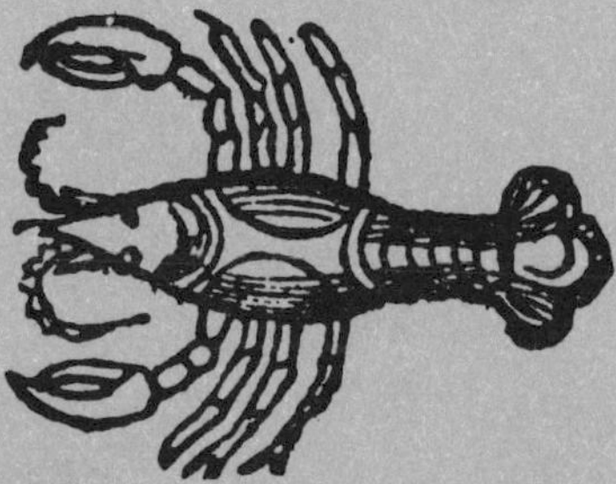

Krebs 22.6.–22.7.

Waage 23.9.–22.10.

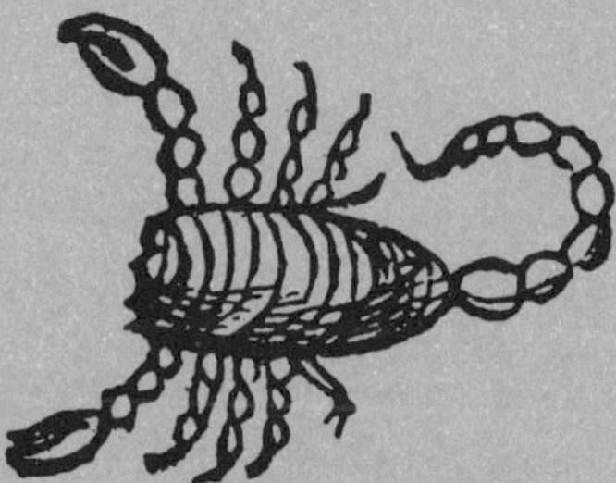

Skorpion 23.10.–21.11.

Wassermann 20.1.–18.2.

Fische 19.2.–20.3.

Der Himmel kündet Unheil beim Martyrium der heiligen Katharina, Holzschnitt von Albrecht Dürer.

HEYNE TIERKREIS-BÜCHER

WIDDER

21. MÄRZ BIS 20. APRIL

WOLFGANG DÖBEREINER

Wilhelm Heyne Verlag
München

20. Auflage
8. Auflage dieser Ausgabe. Dieser Band ist bisher erschienen unter der Nr. 14/4
Bildredaktion: Günter Pössiger

Bildnachweis: Bruckmann Verlag, München (4 Photos), Bildagentur Mauritius, Mittenwald (1 Photo), Schatzkammer der Residenz, München (1 Photo), Staatliches Museum für Völkerkunde, München (1 Photo), Staatsbibliothek Preuß. Kulturbesitz – Bildarchiv – Berlin (1 Photo), Süddeutscher Bilderdienst GmbH, München (9 Photos), Ullstein Bilderdienst GmbH, Berlin (1 Photo)
Anekdoten entnommen aus dem »Witze-, Fabeln-, Anekdoten-Handbuch«, erschienen im Verlag Moderne Industrie, München
Printed in Germany 1998
Umschlaggestaltung: Atelier Adolf Bachmann, Reischach
Umschlagillustration: Christine Wilhelm, München
Gesamtherstellung: Friedrich Pustet, Regensburg
ISBN: 3-453-04731-1

Die nördliche Himmelskugel, Holzschnitt von Albrecht Dürer

Inhaltsverzeichnis

TRASKIA
CORVS
FAVONIVS
AFRICVS
LIBONOTVS
EVROPA
AFRICA
Libya interior
Aethiopia interior
Arabia felix
Mare rubrum
Syria
Caspium
Cilicia
Galatia
Cappadocia minor
Mare mediterraneum
pontus euxinus
Sinus Persicus
Circulus

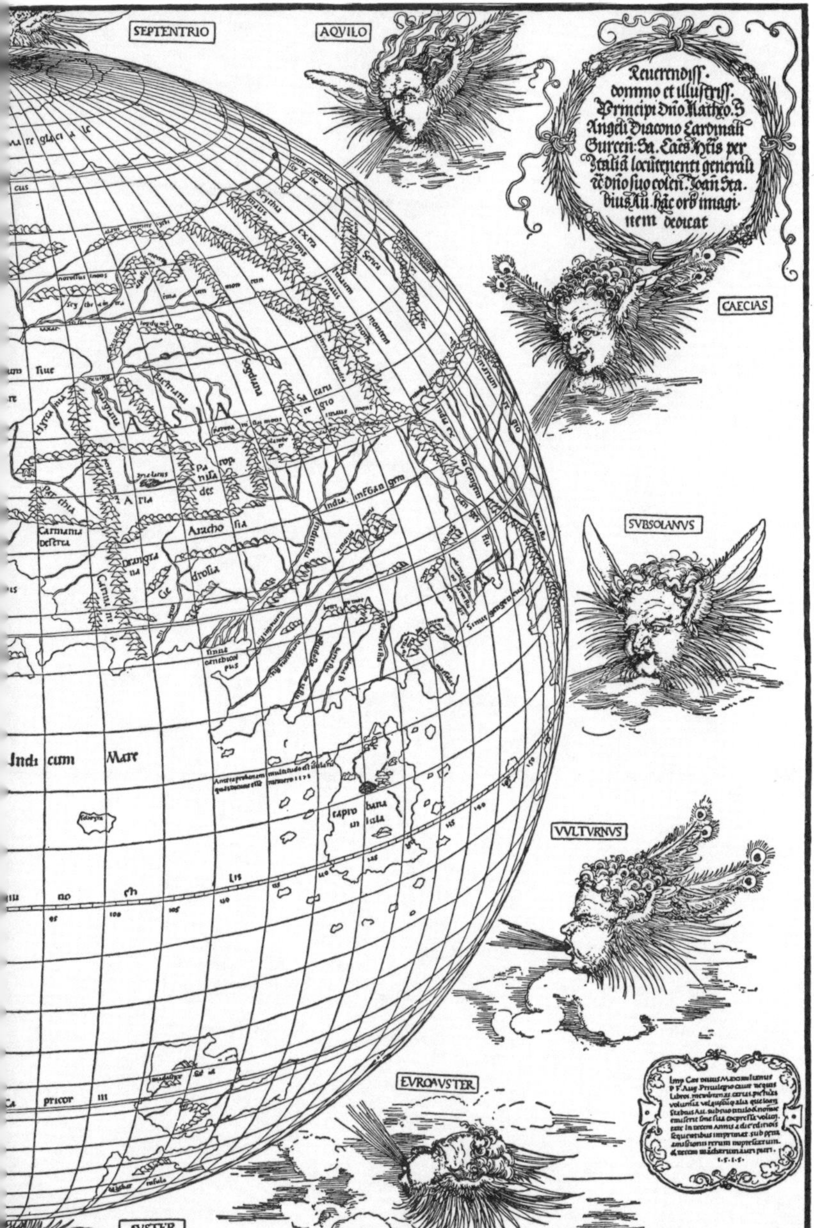

SEPTENTRIO
AQVILO
Reuerendiss. domino et illustriss. Principi Dño Matheo S Angeli Diacono Cardinali Gurceñ: Sa. Caes Mtis per Italiã locũtenenti generali ac dño suo colen. Joan Stabius Au. hãc orbꝰ imaginem dedicat
CAECIAS
SVBSOLANVS
VVLTVRNVS
EVROAVSTER
AVSTER
ASIA
Indicum Mare
taprobana insula
1.5.1.5.

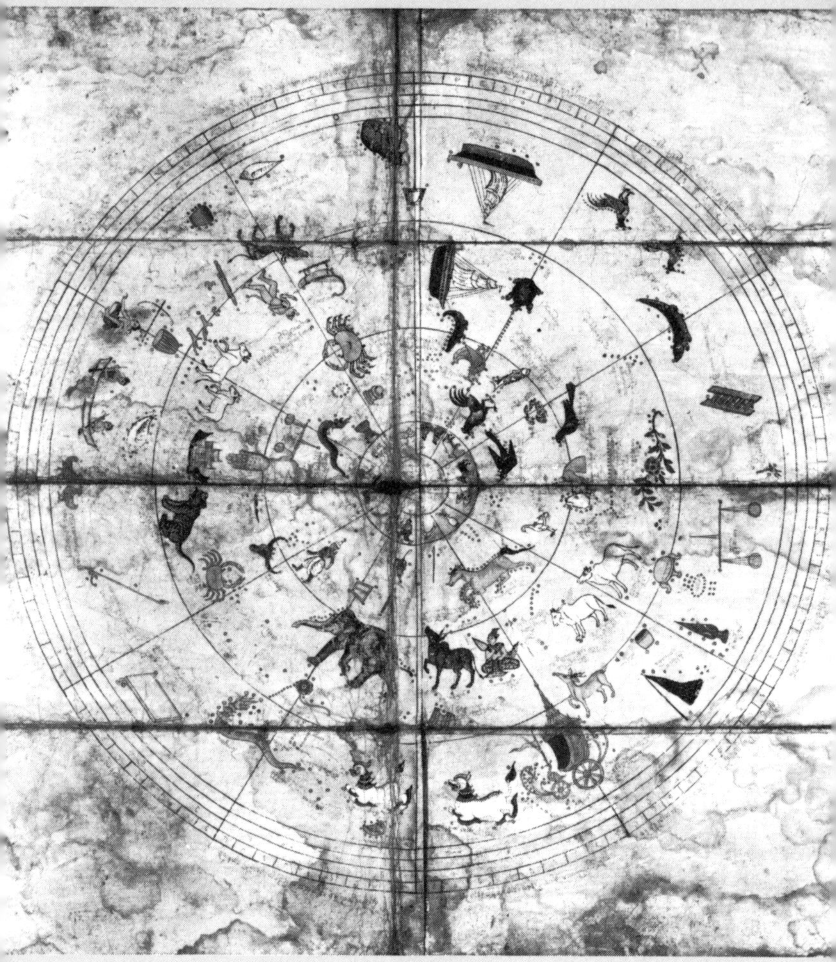

Altburmesische Tierkreisdarstellung

◀ *Weltkarte mit Himmelskräften, westliche und östliche Hälfte im Detail, Holzschnitt von Albrecht Dürer*

Vorwort

Der Unterhaltungswert der Astrologie ist unbestritten. Damit sich der Umgang mit Astrologie jedoch nicht nur auf Unterhaltung beschränkt, wird hier gleichzeitig versucht, einen tieferen Einblick in die Astrologie zu vermitteln und Hinweise auf typische Verhaltensweisen zu geben. Man kann sich selbst auf diese Weise besser verstehen und die Eigenarten der Mitmenschen begreifen lernen. Das ist nicht nur eine wichtige Voraussetzung für echte Toleranz, sondern aktiviert auch die allgemeine Persönlichkeitsbildung.

Die Grundlage für die Methodik und Aussage des vorliegenden Buches bildet die »Münchner Rhythmenlehre«, die grundsätzlich zwischen Anlage und Verhalten unterscheidet. Und zwar kennzeichnet die Geburts*stunde* die Anlagen. Darunter sind die Triebe und Talente zu verstehen, die als Möglichkeiten vorhanden, aber nur teilweise genutzt sind. Diesen Tierkreisort, den die Geburtsstunde anzeigt, nennt man Aszendent. Dagegen kennzeichnet der Geburts*tag* das tatsächliche Verhalten, also die Art und Weise der individuellen Lebensführung und Lebensauffassung. Dieses Verhalten hat die Aufgabe, möglichst alles, was an Anlagen und Trieben vorhanden ist, lebendig werden zu lassen und zur Wirkung zu bringen. Es ist der Stand der Sonne am Geburtstag, der sich in den Verhaltensweisen zeigt und auswirkt.

Also:

Geburtsstunde (Aszendent)	=	Anlagen
Geburtstag (Sonne)	=	Verhaltensweisen

Vielleicht haben Sie es schon gemerkt, daß es falsch ist, »ich bin ein Widder« zu sagen, wenn man zwischen dem 21. 3. und 20. 4. geboren ist. Es muß richtiger heißen: »Ich lebe wie ein Widder, ich verhalte mich wie ein Widder«. Was man wirklich ist, zeigt sich durch die Geburtsstunde am Aszendenten. Hat man hier etwa das Zeichen Löwe, so hat man eine Löwe-Anlage, die man auf die Art des Widders auslebt. Diese wesentliche Unterscheidung zeigt, daß wir hier nur über die Verhaltensweisen des Widders und nicht über die Anlagen sprechen, über die man je-

Unterricht in der Sternkunst, Holzschnitt aus dem Augsburger »Lucidarius« von 1479

weils unter dem entsprechenden Tierkreiszeichen des Aszendenten einiges nachlesen kann. Also: Ein im Zeichen des Widders Geborener (Geburtstag), der zum Beispiel das Zeichen Löwe als Aszendenten (Geburtsstunde) hat, sollte neben dem vorliegenden Buch auch das Buch über das Tierkreiszeichen Löwe zu Rate ziehen.

Wenn wir hier ›nur‹ von den Verhaltensweisen sprechen, so ist das selbstverständlich eine Untertreibung, denn dem Verhalten kommt eine große Bedeutung zu. Das Verhalten hat die Vermittler- bzw. Aussteuerungsrolle zwischen dem Ich der Anlage und der äußeren Erlebniswelt zu übernehmen. Es soll die innere Anlage zum äußeren Ereignis werden lassen, die Talente wecken und in der Außenwelt zur Entfaltung bringen. Da nach Ansicht der Astrologie die ganze Welt über die gleichen Struktur-Bausteine verfügt, die nur jeweils anders zusammengesetzt sind, heißt das mit anderen Worten: Das Verhalten soll das ›innere ABC‹ mit dem entsprechenden ›äußeren ABC‹ verbinden.

Gelingt dem Verhalten diese Aufgabe vollständig, so hat es die ›schlummernde‹ Anlage ›erlöst‹. Dieser Vorgang ist mit dem Mythos des Märchens vergleichbar. Im Märchen ist man in eine bestimmte Erleidens- oder Erlebensform hineinverzaubert oder

Altindianisches Sonnenzeichen

verwunschen – etwa als Zwerg Nase. Das symbolisiert die Anlagen mit dem Trieb zur Verwirklichung oder Erlösung. Und dann muß man diese oder jene (bisweilen unangenehme) Aufgabe erfüllen, um erlöst zu werden. Das symbolisiert den Verhaltensweg. Am Schluß ist man jedenfalls von der Verzauberung befreit und lebt das, was man wirklich ist. Der ›häßliche‹ Frosch wird zum ›schönen‹ Prinzen.

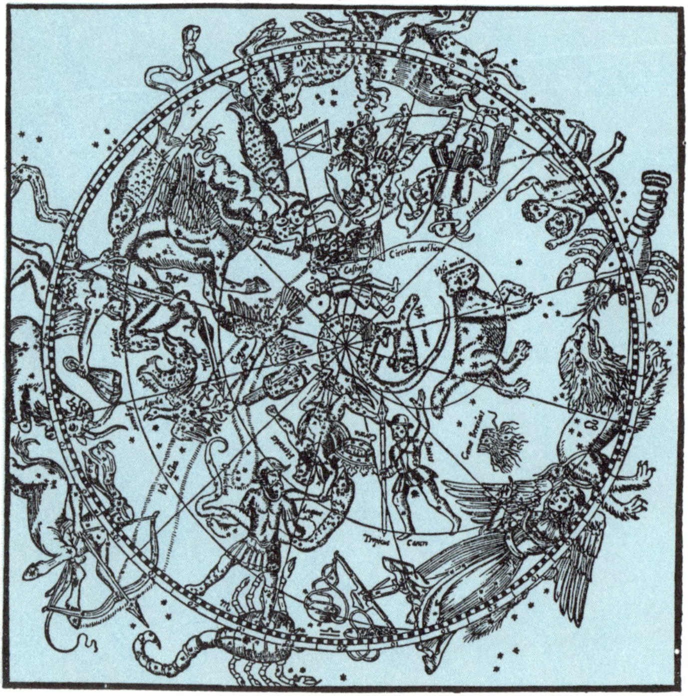

Sternbildkarte von Adam Gefugius 1565

Das Hauptproblem besteht darin, daß die bewußten Verhaltensweisen vielfach nicht der Anlage entsprechen. Ist beispielsweise das Verhalten übervorsichtig, ängstlich oder egoistisch und hauptsächlich auf Sicherheit oder Prestige bedacht, dann bleibt ein Teil der Anlagen unerlöst. Auch wenn das bewußte Verhalten zu starr geworden ist und Vernunft jede Lebendigkeit blockiert, ist das Problem der ›Rückstände‹ gegeben. Der Prinz oder die Prinzessin ist dann nur halb erlöst. Astrologisch zeigen sich diese Vorgänge viel detaillierter, viel direkter bezogen auf die individuellen Anlagen (Aszendent) im jeweiligen Verhältnis zu den Verhaltensweisen (Sonnenstand-Geburtstag). Aber bleiben wir einmal bei einem allgemeinen Beispiel, bei einer Verhaltenssperre aus ängstlichem Sicherheitsbedürfnis. Hier kommen die Anlagen Verausgabung, Risiko, die ja zu jedem vollständigen Anlagebild gehören, ohne Zweifel zu kurz. Diese Anlagen, fassen wir sie einmal unter ›A‹ zusammen, bleiben unverwirklicht. Nun hat ›A‹ einen Zeitplan, nach dem es sich verwirklichen möchte. Nach diesem Zeitplan wird der Drang von ›A‹ immer stärker. Nachdem aber die bewußte Steuerung, das regulierende bewußte Verhalten, hier versagt, wendet sich ›A‹ an die zweite regulierende Instanz, an das Unterbewußtsein.

Neptun wird geholt. Er soll die bewußte Verhaltenslinie aufweichen, durchlässig machen. Die ersten Symptome dieses Stadiums sind: nachlassendes Gedächtnis, Konzentrationsmangel, unerklärliche Unausgewogenheit der Gefühlslage. Das sind deutliche Anzeichen dafür, daß im persönlichen Haushalt etwas nicht stimmt, daß man sich ausgären lassen und besinnen soll. Wenn das nichts hilft, dann wendet das Unterbewußtsein stärkere Mittel an. Es drängt die Person durch einen unterbewußten Ereignis-Wunsch in ein ›A‹ entsprechendes äußeres Ereignis, das dazu dient, das bewußte Verhalten in Frage zu stellen und damit von außen aufzubrechen. Dabei sucht sich die Person instinktiv den richtigen Weg, Ort und Zeitpunkt. Manche fahren 500 Kilometer, um sich ihr Ereignis, ihre Krise zu holen.

Deshalb ist jedes tiefgreifende Ereignis, jede Krise immer ein Hinweis, der zum Nachdenken und zu Korrekturen anregen soll. Das Schicksal ist nie zufällig oder böse, sondern immer das Ereignis des individuellen Verhältnisses zwischen Anlagen und Verhaltensweisen.

Man kann sich viel ersparen, erstens 500 Kilometer Umweg, zweitens Infragestellungen von außen, die ja meist schmerzlich empfunden werden, wenn man sich mit seinen Anlagen und Verhaltensweisen beschäftigt und auch das Verhalten anderer mit dieser Grundeinstellung beurteilt. Dieses Tierkreisbuch versucht, in anregend unterhaltsamer Form zuverlässig darzustellen, wie der Widder lebt.

Achatschale mit geschmelzter Goldfassung, Diamanttafeln und Rubinen, Mailand um 1570

Einführung in das Tierkreiszeichen Widder

Der Widder, karolingische Tierkreiszeichendarstellung

Es gibt ein altes Kinderspiel, das wohl jeder kennt. Eine kleine Gruppe sitzt im Kreis beieinander. Der erste sagt ein Wort, das ihm gerade einfällt. Der nächste in der Reihenfolge fügt ein Wort hinzu, das in einem sinnvollen Zusammenhang mit dem ersten Wort stehen muß. Wenn man sich vorstellt, die im Kreis sitzenden Kinder seien zwölf Tierkreiszeichen, dann ist es ihre Aufgabe im Leben, den Platz auszufüllen, an dem sie sitzen. Jeder muß ein bestimmtes Wort sagen, damit ein Satz entstehen kann.

Dieser Vergleich soll lediglich veranschaulichen, daß jedes Tierkreiszeichen eine logische Folge des vorangegangenen ist. Es setzt die Werte aller vor ihm liegenden Zeichen voraus, ohne sie selbst auszudrücken. Es fügt vielmehr ergänzend etwas neues

Das Widder-Sigel

hinzu, denn die Aufgabe besteht nicht darin, schon einmal Gesagtes zu wiederholen. Jedes Tierkreiszeichen leistet seinen Beitrag, um das Ganze sinnvoll zu gestalten.

In der Astrologie bedient man sich häufig einer Bildersprache, deren Verständnis oft etwas schwierig ist. So werden zum Beispiel Widder, Löwe und Schütze als Feuerzeichen bezeichnet. Was man sich darunter vorzustellen hat, bleibt vor allem deshalb meistens unklar, weil man in der heutigen Zeit nicht mehr gewohnt ist, in Symbolbildern zu denken. Den Feuerzeichen werden oft Eigenschaften wie aufbrausend, stürmisch, feurig, verzehrend unterstellt. Sie sind vom Feuer als Lebenselement wie Wasser, Erde und Luft abgeleitet.

Die zwölf Tierkreisbilder symbolisieren letztlich die Stadien eines jeden Entwicklungsvorganges. In ihrer Gesamtheit verkörpern sie die Evolution des Lebens, das Wachstum eines einzelnen Baumes ebenso wie die seelische Entwicklung eines Menschen. Vom mikro- bis zum makrokosmischen Bereich findet sich ihre Analogie in jedem sinnvollen Ablauf der Lebensvorgänge.

Die Reihe der Tierkreiszeichen beginnt mit dem Feuerzeichen Widder. Das ist kein Zufall, denn das Symbol des Feuers, das in der Astrologie nichts anderes darstellt als das Prinzip der Expansion, Energie und Durchsetzung, ist zugleich auch der symbolische Anfang jedes Lebenskreises.

Damit ist der Widder als erstes Feuerzeichen auch das Sinnbild des Schöpfungsaktes. Am Anfang war die freie Energie, die Gestaltlosigkeit, das Licht. Der Widder ist wie der Zündfunke, der den Tierkreis auslöst. Ein jeder Widder, ganz gleich, welche persönlichen Anlagen er sonst noch haben mag, ist unter diesem Symbol der Energie geboren. Er setzt seine Anlagen in Außenbe-

Tierkreiszeichenmann um 1488

wegung ein. Die Schwerpunkte seines Verhaltens liegen demnach in den spezifischen Eigenschaften, die man mit diesem Begriff verbindet. Dazu gehört vor allem ein Durchsetzungsvermögen, das keine andere Begründung kennt als die Selbstverwirklichung.

Ein jeder Anfang muß geschichtslos sein, um diesem Begriff voll zu entsprechen. So ist auch der Widder als erstes Zeichen des Tierkreises ohne jeden unbewußten seelischen Erfahrungs-

Mars mit Widder aus dem »Planetenbuch« von 1553

wert. Was er mit allen anderen Feuerzeichen gemeinsam hat, ist die expansive Bewegung. Was ihn allein bezeichnet, ist außerdem das Symbol des Unverdorbenen, Unberührten, des neugeborenen Lebens. Wenn man diese Symbol-Grundlagen als Wurzeln eines Lebensgefühls begreift, dann werden wesentliche Merkmale dieses Tierkreiszeichens verständlich.

Zum Tierkreiszeichen Widder gehört der Planet Mars. Er ist in der Astrologie das bewegliche Prinzip seines Tierkreiszeichens

Mars und seine Kinder aus dem »Mittelalterlichen Hausbuch« um 1480

Tierkreiszeichen- und Monatsdarstellungen an der Kathedrale von Chartres, rechts oben Widder

Widder. Bei den Römern war Mars der Gott des Krieges. In der Astrologie bilden der Widder und sein Planet Mars das Symbol der richtungslosen Energie, der expansiven Durchsetzung, im weiteren Sinn auch der Aggression. Damit versinnbildlichen Widder und Mars auch den Krieg als unmittelbarste und schärfste Form der Auseinandersetzung, die zwischen Menschen möglich ist. Überhaupt symbolisiert der Widder alle analogen Vorgänge und Erscheinungsbilder unseres Lebens, die in den Themenbereich der Aggressivität gehören. Da man in der allgemein üblichen Unterhaltungs-Astrologie jedoch keinen Unterschied zwischen der individuellen Anlage und der Verhaltensweise eines Menschen kennt, kommt es in diesem Zusammenhang zu so unsinnigen Behauptungen wie beispielsweise, daß Widder vorwiegend in metallverarbeitenden oder militanten Berufen zu finden seien. Es ist zwar nicht unrichtig, daß Widder im gewissen Sinn ›kriegerisch‹ sind, aber sie können ebenso ›kriegerische‹, aggressive Pazifisten sein. Das Zeichen Widder speichert die Mechanismen des Angreifers. Ein Widder wird sich demgemäß im Angriff, in der Bewegung sicher fühlen und bei Ungewißheit oder Unsicherheit die Flucht nach vorne antreten. Im Zeichen Widder sind Politiker, Literaten, Musiker und Maler in der gleichen Häufigkeit anzutreffen wie Feldherren, Efinder oder Theologen. Nicht der Beruf ist das Merkmal eines Tierkreiszeichens, sondern auf welche Weise der Beruf ausgeübt

24 *Weg mit Zypresse und Stern, Ölgemälde von Vincent van Gogh*

wird und welche Vorstellungen damit verbunden werden. Ein Widder-Theologe wird ganz anders argumentieren als ein Jungfrau-Geborener des gleichen Berufs. Die Strategie eines Widder-Generals wird sich von der eines Stier-Feldherrn unterscheiden. Ein Widder-Politiker hat von dem Weg, der ihn zum Ziel führen soll, eine ganz andere Vorstellung als sein Steinbock-Kollege. Das heißt mit anderen Worten: Jeder Widder hat ganz andere Anlagen, aber das Verhalten wird immer nach einem Weg suchen, den die Charakteristik des Tierkreiszeichens anbietet.

Das Widder-Bild

Im Bild schildert sich das erregende Geschehen, in dem das Objekt, selbst noch Energiezustand in den Bildraum eindringt um Gestalt und Ort zu finden — deshalb sind Grenzen und Umrisse nicht abschließend, sondern heftig bewegt, die Bewegung der Farbe ist von Energie getrieben, kurz, heftig, Formen aufreißend, wobei das Objekt den hochgezogenen Bildvordergrund besetzt, aus dem Umraum dramatisch hervorgehoben ist, diesen verbraucht, zugleich in den Raum vor dem Bild hineindrängend, »das Bild kann nicht abwarten«. Das Objekt ist dabei zentral gesetzt, man kann am Bild »nicht vorbeisehen«, es schafft sich Raum und durchbricht die Ruhe des Silhouette.

Baumformen und Büsche des Widders

Läßt man einen Angehörigen des Tierkreiszeichens Widder einen Baum oder Busch zeichnen, dann sind die Formen nach oben geöffnet und werden überhaupt meistens offen dargestellt. Dabei wird dem Fundament des Baumes, den Wurzeln, weniger Aufmerksamkeit in der Zeichnung gewidmet.

Widderbaum

Die freie Assoziation des Widders

Die Aufforderung: »Nennen Sie schnell und unüberlegt 5 Dinge«, beantwortet der Widder in etwa so, wie es die nachstehende typische Reihenfolge zeigt.

1. Kuhfladen
2. Spitze
3. Reibeisen
4. Elefantenohr

Nach einer Pause:

5. Zunge

An erster Stelle steht spontan eine Herausforderung, dann folgen Gegenstände der Herausforderung – »um das Leben zu spüren«. Im Gegensatz zu Stier oder Zwilling werden auch Einzelteile genannt. Das Abgetrennte wird, im Sinne der Herausforderung, hervorgehoben. So zum Beispiel das Elefantenohr. Der Elefant, das Sinnbild der Ruhe und Unbeirrbarkeit, ist äußerster Anreiz für den Widder, die beharrende Ruhe in Bewegung zu setzen.

Widder-Analogie

Die Völkerwanderung

ROT 9 ENERGIE

a) der Energiezustand
die Herausforderung
die Durchsetzung
der Impuls

b) der Vordergrund
das Berühren
das Rufen
das Bewegen
der Sturm

c) der Morgen
die Geburt
der Aufbruch
die Frische

d) der Speer
der Pfeil
die Spitze
der Stachel
die Schärfe
der Schnitt
die Zähne
die Krallen
die Nägel
das Horn

e) der Knall
der Schuß
der Strahl

f) das Feuer
die Flamme
die Hitze
die Entzündung
das Brennen auf der Haut

g) die Pauke
die Trommel
das Staccato
die Kürze

h) das Eisen
die Brennessel
der Spinat
die Pappel
der Nußbaum

i) das Nashorn

Widder-Prinzip

Das Widder-Prinzip ist der Energiezustand. Er tritt immer dort auf, wo etwas aus dem Hintergrund in den Vordergrund zu ziehen ist. Der Widder löst potentielle Energie aus.

Ein Beispiel: Die Energie, die einem Stein als Potenz deshalb innewohnt, weil er hoch auf einem Berg liegt, wird vom Widder freigemacht. Er bringt den Stein zum Fallen. Jede Latenz wird in die Realität ›geworfen‹. Überall, wo etwas latent ist, fühlt sich der Widder herausgefordert. Dabei gilt sein Interesse in erster Linie dem Vorgang des Sichtbarmachens. Das Ordnen zu einem Bestand überläßt er dem Stier. Schon Widderkinder können eine Knospe nicht nur betrachten, sondern müssen sie gleich öffnen.

Widder decken Intrigen auf, ohne es zu merken. Sie sprechen das Unausgesprochene aus. Nicht von ungefähr sind die meisten naturwissenschaftlichen Entdecker Widder.

Das Enfant terrible

Einer der prominentesten Widder war Otto von Bismarck. Ein ausländischer Diplomat sagte einmal über ihn: »Hütet euch vor dem! Der meint, was er sagt.«

Es ist anzunehmen, daß jener Diplomat keine Beziehung zur Astrologie hatte, aber ganz unbeabsichtigt hat er zugleich auch ein Merkmal des typischen Widders beschrieben. Der Weg vom Denken zum Handeln ist nämlich bei diesem Tierkreiszeichen der vorstellbar kürzeste und damit zwangsläufig auch der ehrlichste. Die Umsetzung von Eindrücken ist immer spontan und gefühlsecht. Widder sind Menschen ohne Verstellung. Sie kennen keine Ausrede, weder für sich selbst noch für andere. Zu einem Fehler bekennen sie sich ohne Umschweife. Sie halten mit Kritik nicht zurück, wenn sie ihnen angebracht erscheint. Mit schonungsloser Offenheit sagen sie, was sie denken. Dabei handelt es sich weniger um spitzfindige Bösartigkeiten als vielmehr um emotionell gesteuerte Impulse, die nicht zurückgehalten werden.

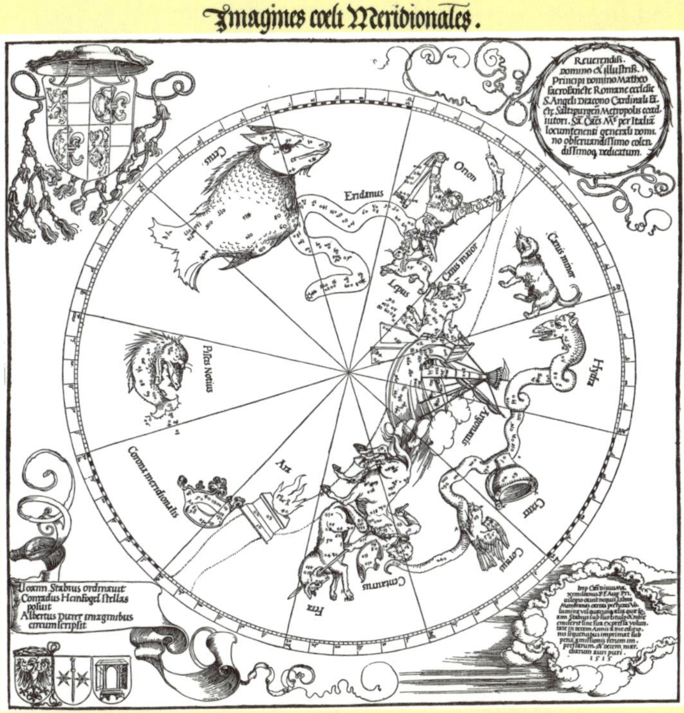

Die südliche Himmelskugel, Holzschnitt von Albrecht Dürer

Ehrlichkeit ist nicht allein ein Privileg der Menschen des Tierkreiszeichens Widder. Aber die Lüge hat ebenso ihre verschiedenen Formen wie die Ehrlichkeit. Diese Formen sind *jeweils den typischen Eigenschaften des betreffenden* Tierkreiszeichens angepaßt. Eine Jungfrau beispielsweise liebt die Kritik, weil sie Freude am intellektuellen Gedankenspiel hat, oder weil sie ihre eigene Sicherheit kompensieren will, indem sie andere unsicher macht. Der Steinbock ist aus Ordnungsliebe ehrlich; ein Stier, weil er glaubt, daß seine Sicherheit damit am ehesten gewährleistet ist. Der Widder ist nicht aus Tugendhaftigkeit ehrlich, sondern kann einfach nicht anders. Seine Spontaneität läßt keine Umwege und Umschweife zu. Schon allein deshalb ist der

Umgang mit einem Widder zunächst angenehm und unkompliziert. Er zeigt seine Sympathie ebenso offen und herzlich wie seine Abneigung. Man weiß immer genau, was man zu erwarten hat – einschließlich der unvermeidbaren Taktlosigkeiten, denn das Gefühl für andere Menschen ist nur mangelhaft ausgeprägt. Schon in sehr harmlosen Fällen ist ein Widder durchaus imstande, Ihnen die Freude an einer neuen Anschaffung gründlich zu verderben. Nach seiner Ansicht war das Kleid viel zu teuer, und die neuen Vorhänge passen nicht zum Teppich. Haben Sie einen Widder zum Essen eingeladen, erwarten Sie bloß nicht, daß er Ihnen Komplimente über Ihre Kochkunst macht, wenn es ihm nicht schmeckt. Phrasen und konventionelle Höflichkeit sind ihm wesensfremd. Auch nicht um des lieben Friedens willen ist ein Widder bereit, etwas zu tun oder zu sagen, was nicht mit dem übereinstimmt, was er sieht und empfindet. Die Eltern von Widder-Kindern wissen ein Lied davon zu singen, daß ihre Nachkommenschaft sehr viel später als andere Kinder lernt, sich nicht vor den Onkel hinzustellen und zu sagen: »Ich mag dich nicht, du stinkst.« Wer über wenig Zivilcourage verfügt, sollte dafür sorgen, daß sich zur Widder-Zeit kein Nachwuchs einstellt. Widder-Kinder können mit ihrer unschuldigen Impulsivität eine ganze Familie in Grund und Boden blamieren. Ein jeder Widder ist nämlich der geborene Feind der Lüge und Unaufrichtigkeit. Deshalb sollten Sie in Gegenwart Ihres Widder-Kindes niemals schlecht über andere Leute reden. Sie können sich darauf verlassen, Tante Alma erfährt es, daß die Vase, die sie Ihnen zum Geburtstag geschenkt hat, nicht kaputtgegangen ist, sondern von Ihnen weiterverschenkt wurde, weil sie zu häßlich war. Die Nachbarn werden über Ihre Einkommens- und Familienverhältnisse genauestens Bescheid wissen; und gehen Sie besser gleich selbst ans Telefon, bevor Ihr Widder-Kind sagt: »Papa hat gesagt, ich soll sagen, daß er nicht zu Hause ist«.

Die Spielregeln der Gesellschaft sind für kein anderes Tierkreiszeichen so schwer erlernbar wie für den Widder. Was ›man‹ tut und was ›man‹ nicht tut, lernt so mancher Widder nie. Das schützt ihn vor mancher Verlogenheit und Unechtheit. Er ist kein Herdentier, das sich nur sicher fühlt, wenn es sich wie alle anderen verhält. Er hat immer den Mut zur eigenen Persönlichkeit. Er ist damit zwar kompromißlos bis unnachgiebig, aber gleichzeitig auch viel weniger einem allgemeinen Meinungsdruck oder

Astrolog in seiner Studierstube, Titelbild einer Bauernpraktik von 1512

Klischeedenken ausgeliefert. Er kennt auch keine übertriebene Ehrfurcht vor Rang und Namen. Wenn es sein muß, klopft der Widder selbst dem Papst freundlich auf die Schulter oder fragt den Bundeskanzler, wo er seine Anzüge reinigen läßt. Der Erfolg hängt weitgehend vom Gegenüber ab. Was die einen erfrischenden Humor nennen, ist für andere unverzeihliche Distanzlosigkeit. Und so ist der Widder gewissermaßen das Enfant terrible unter den Tierkreiszeichen.

Weil jeder die Ausdrucksmittel am besten versteht, über die er selbst verfügt, ist es begreiflich, daß ein Widder wenig Verständnis für übermäßige Sensibilität besitzt. Mit zweideutigen Bemerkungen ist er keineswegs zu beeindrucken. Es muß schon der Wink mit dem Zaunpfahl sein, um sich einem Widder ver-

Das Verhältnis der Tierkreiszeichen zueinander, Darstellung von 1624

ständlich zu machen. In einer heiklen Situation wird er Sie mit dem Satz: »Wie meinen Sie das?« auf sehr entwaffnende Art zur Eindeutigkeit zwingen. Ein Widder gibt keine Chance, um den heißen Brei herumzureden.

Wenn Sie eine schwierige Besprechung haben, in der manches Thema lieber nicht angeschnitten werden soll, empfehle ich Ihnen dringend, Ihren Widder-Partner zu Hause zu lassen. Wenn Sie ihn mitnehmen, können Sie noch so verzweifelte Anstrengungen machen, ihn mit bedeutungsvollen Blicken zum Schweigen zu bringen, er ist nicht zu bremsen. Sehr lebhaft erzählt er genau das, wovon Sie lieber nicht reden wollten. Der Tritt unter dem Tisch an sein Schienbein hat einzig den Erfolg, daß er einen Schmerzensschrei ausstößt und unschuldig fragt: »Warum trittst du mich denn?« oder: »Hätte ich das nicht sagen sollen?« Wenn ihn auch die allgemeine Verlegenheit nicht sonderlich aus der Fassung bringt, der Schaden ist entstanden. Außerdem garantiert seine Reue keineswegs, daß es das nächstemal nicht wieder passiert. Es ist daher immer ein Risiko, einem Widder intime Geheimnisse anzuvertrauen. Er ist bestimmt keine Klatschtante, aber ein Gespräch kann ihn derart mitreißen, daß er alles ausplaudert, was er eigentlich für sich behalten sollte.

Wenn Sie einen Widder zu Ihren Freunden zählen, werden Sie seine Vorteile kennen. Sie wissen, daß Sie ihn nachts um drei anrufen können, wenn Sie mit einem Motorschaden in der Nähe von Oberwurzenheim stehen. Er wird Ihnen keine guten Ratschläge per Telefon geben und Ihnen keine Vorhaltungen machen, sondern unverzüglich seine Party oder seine neueste Eroberung im Stich lassen, um Ihnen zu helfen. Wenn Sie am Monatsende knapp bei Kasse sind, ist es meist der Widder, den Sie unbesorgt anpumpen dürfen. Hat er selbst kein Geld, dann wird er für Sie aktiv und besorgt Ihnen Geld. Und wenn Sie in Rückzahlungsschwierigkeiten sind, wird er Sie nicht ständig an Ihre Schulden erinnern. Er verteidigt Sie vor Ihren Feinden und duldet nicht, daß man in seiner Anwesenheit schlecht von Ihnen spricht.

Und dennoch kann es Situationen geben, in denen Sie ihn am liebsten auf den Mond wünschen. Vielleicht sind Sie gerade verliebt und haben Ihre Angebetete zum Abendessen eingeladen. Sie sind gerade dabei, sich bei einem Glas Wein näherzukommen, da klingelt es. Sie dürfen jede Wette eingehen, daß es sich um Ihren Widderfreund handelt, denn das einzige Gespür, das ein Widder hat, ist, zur falschen Zeit aufzutauchen. Er war gerade in der Nähe und wollte nur auf einen Sprung vorbeischauen. Den Abend dürfen Sie als verloren betrachten, denn der Widder erfaßt die Situation keineswegs. Vermutlich ist er von Ihrer Angebeteten hingerissen und findet es ausgesprochen gemütlich bei Ihnen. Und wenn Sie ihn jetzt nicht beiseite ziehen und sagen, daß Sie gern allein sein möchten, passieren schreckliche Dinge. Vielleicht fallen ihm ein paar lustige Geschichten aus

Ihrer Vergangenheit ein, die Sie der jungen Dame ganz bestimmt nicht erzählen wollten, oder er fragt Sie ganz unschuldig, was damals Ihre Vollprothese gekostet hat, und regt sich über die unverschämten Honorarforderungen der Zahnärzte auf. Sie möchten ihn erwürgen und werden immer schweigsamer, doch Ihrem Freund wird der Stimmungsumschlag ganz gewiß entgehen. Und zieht er sich doch endlich zurück, dann tut er das mit einem kräftigen Augenzwinkern und dem Satz: »Na, dann will ich mal nicht länger stören.« Ist er endlich gegangen, können Sie mit Ihren Verführungskünsten von vorn anfangen. Die Stimmung ist dahin, der Abend verdorben.

Durch diesen Mangel an Einfühlung kommt es auch zu ganz offenen Rücksichtslosigkeiten, die der Widder übrigens mit den anderen Feuerzeichen, mit Löwe und Schütze, gemeinsam hat. Beim Schützen erleben Sie es in abgeschwächter Form, aber der Löwe steht dem Widder in dieser Hinsicht sehr nahe. Er erfaßt selten, in welcher Stimmung Sie sich gerade befinden, und sagt oder tut genau zum falschen Zeitpunkt etwas Unangebrachtes. Er merkt nicht, wenn Sie konzentriert arbeiten wollen, und reißt Sie aus Ihren schönsten Träumen. Er wird das Radio laut anstellen, wenn Sie schlafen wollen, und stellt es ab, wenn Sie gerade Ihr Lieblingslied hören. Wenn Sie müde sind, wird er Sie noch auf einen Lokalbummel mitschleppen. Er reißt das Fenster weit auf, wenn Sie mit triefender Nase und roten Augen dasitzen. Daß Sie gerade erkältet sind, hat er meist nicht bemerkt.

Das heißt mit anderen Worten, Sie müssen einem Widder alles sagen, was Sie von ihm erwarten – laut und deutlich und in klaren, verständlichen Sätzen. Er verfügt über keinerlei Intuition. Deshalb wäre es sogar ausgesprochen ungerecht, ihm aus seiner Rücksichtslosigkeit einen Vorwurf zu machen. Er ist nicht absichtlich rücksichtslos, sondern weiß einfach nicht, was in Ihnen vorgeht, wenn Sie es ihm nicht unmißverständlich sagen. Es dauert hundert Jahre, bis er merkt, daß Sie es nicht vertragen können, wenn er schon zu rauchen beginnt, während Sie noch essen. Wenn Sie von gleicher Art sind, wird Sie das vielleicht nicht stören, aber so mancher Fisch oder Krebs wird mit solchen Methoden vom Widder in die Flucht geschlagen.

Der ungeduldige Widder

Ein Widder hat so manche Tugend, aber die Geduld ist nicht gerade seine Stärke. Er wartet prinzipiell nicht gern, weder auf die Trambahn noch auf verlockende Zukunftsversprechungen. Er nimmt lieber den naheliegenden Vorteil wahr. Deshalb ist ihm der Spatz in der Hand immer lieber als eine Taube auf dem Dach. Für langfristige Planungen mit unübersichtlichen Ergebnissen kann er sich nicht begeistern. Daran sollten Sie denken, wenn Sie einen Widder für sich selbst oder eine berufliche Aufgabe gewinnen wollen. Der unmittelbare Erfolg muß sich sehr bald einstellen, sonst besteht die Gefahr des Abspringens. Der Widder geht zwar nicht den Weg des geringsten Widerstandes, wie es beispielsweise für einen Krebs oder Fisch typisch ist, seine Energie will vielmehr an eine Herausforderung gebunden sein, aber die Ausdauer ist etwas kurzatmig. Widder sind Menschen des schnellen Erfolgs, des raketenartigen Aufstiegs. Sie sind sehr leicht für neue Ideen zu begeistern, aber ihre Einsatzbereitschaft hält nur so lange vor, wie das Interesse an der Aufgabe vorhanden ist. Man sucht und findet immer wieder neue Ziele. Unter den Jubilaren fünfundzwanzigjähriger Betriebszugehörigkeit werden Sie deshalb selten einen Widder finden.

Ganz ähnlich verhält sich ein Widder in seinem Privatleben. Unsicherheiten und Unklarheiten machen ihn krank. Bei häuslichem Unfrieden oder in einer Partnerschaftskrise wird es deshalb immer der Widder sein, der zuerst das klärende Gespräch fordert. Unterschwellige Mißverständnisse läßt er gar nicht erst aufkommen. Er gehört nicht zu den Menschen, die sich beleidigt zurückziehen oder stillschweigend etwas hinnehmen. Zusehen und abwarten, ob sich ein Problem in seiner unmittelbaren Umgebung vielleicht von selbst löst, ist für ihn undenkbar. Das ist überhaupt sein großes Problem, das oft auch zum Problem für seine Umgebung wird: Der Widder kann nicht zusehen, wie sich etwas von selbst organisch entwickelt und seine Zeit braucht. Es juckt ihn geradezu, ständig einzugreifen und dazwischenzufahren. Er will die Dinge in Bewegung setzen. Dadurch kommen seine Partner nur schwer zur Besinnung, und den Kindern werden ständig die Impulse vorweggenommen. Das macht sie im Laufe der Zeit unselbständig und verhindert die echte Selbstbesinnung.

Altägyptische Widder-Plastiken aus Karnak

Der Widder muß eingreifen und aktiv sein. Er greift in jeden Prozeß, in jede Entwicklung ein und gibt seinen Impulsen nach. Er tut das meist unbedacht und rührt zunächst einmal im Topf, um zu sehen, ob sich nicht schon allein durch Bewegung eine Verknotung lösen läßt. Deshalb kann er wie ein reinigendes Gewitter sein, das von drückender Schwüle befreit. Weil er aber kein ausgeprägtes Gefühl für Maß und Grenzen hat, wird er ebensooft zum Elefanten im Prozellanladen. Die impulsive Unbedenklichkeit des Widders kann in manchen Fällen genau das Gegenteil von dem bewirken, was beabsichtigt ist. Es gibt Wahrheiten, die man besser für sich behält. Ein erregter Widder spricht sie dennoch aus. Er kann damit andere so sehr verletzen, daß es kein Zurück mehr gibt. Mit seiner Vorliebe für klare Verhältnisse kann er eine schon ohnehin kränkelnde Beziehung so empfindlich treffen, daß sie ganz abstirbt. Hier liegt die Gefahr eines jeden Widders, der mehrmals in seinem Leben vor einem Scherbenhaufen stehen wird, wenn er nicht rechtzeitig lernt, seine Spontaneität wenigstens zeitweilig zu beherrschen. Die Einsicht, daß er zu weit gegangen ist, kommt oft zu spät und kann dann nicht mehr helfen.

Der ehrliche Widder

Widder sind im gewissen Sinne Wahrheitsfanatiker. So wenig sie von Geheimnistuerei halten, so durchschaubar sind sie selbst. Ein Widder umgibt sich nicht mit Geheimniskrämerei und poliert sein Image nicht auf, um damit einen bestimmten Zweck zu verfolgen. Er erwartet mit der größten Selbstverständlichkeit, daß man ihn so akzeptiert, wie er ist. Das hat den Vorteil, daß seine ›Schecks‹ zumeist gedeckt sind. Das gilt im direkten und übertragenen Sinne und betrifft materielle Werte ebenso wie seelische Qualitäten. Ein Widder verspricht selten mehr, als er zu halten bereit ist. Er kann sich selbst überschätzen, aber Bösartigkeit steckt nicht dahinter, wenn sich herausstellt, daß er mit seinen Zusagen voreilig war. Zuweilen kann er ganz gewaltig angeben, aber in den meisten Fällen sind es harmlose Übertreibungen, die keinen großen Schaden anrichten.

Vielleicht erzählt er von einer anstrengenden Bergtour und behauptet, schließlich den Viertausender doch noch bewältigt zu haben. Der unglaubliche Schneesturm, der plötzlich aufkam, hätte ihm zwar fast das Leben gekostet, aber zum Glück ist er nicht in die Lawine gekommen, die, kurz nachdem er das rettende Tal erreicht hatte, herunterdonnerte.

Von solcher Art sind die Lügen, die ein Widder kennt, ansonsten können Sie alles glauben, was er sagt. Um welchen Lebensbereich es auch geht, ein Widder wird Ihnen selten etwas vormachen. Sie können sich darauf verlassen, daß alles stimmt, was er sagt. Er wird es Ihnen deshalb übelnehmen, wenn Sie seine Magenschmerzen für Einbildung halten oder seine Kopfschmerzen nicht ernst nehmen. Ein Widder bildet sich nichts ein. Er neigt auch nicht zur Hypochondrie wie etwa ein Krebs. Klagt Ihr Widder über Schmerzen, dann verwöhnen Sie ihn ein bißchen. Er hat es bestimmt nötig.

Widder sind überhaupt die schlechtesten Lügner, die man sich vorstellen kann. Sie können sich nicht verstellen und sind für Raffinesse so gut wie unbegabt. In dieser Hinsicht ist der Widder ein guter Partner, denn er läßt Sie nie im ungewissen. Unter Ehemännern, die jahrelang eine Geliebte haben, sind Widder selten. Der Widder kennt keine dauerhafte Zwiespältigkeit des Gefühls und entscheidet sich möglichst bald. Wenn ihn die Ehe

Planetenstundenrad, böhmische Buchillustration um 1500

nicht mehr befriedigt, wird er den Weg zum Scheidungsrichter antreten. Entscheidet er sich für seine Frau, dann wird er sein Verhältnis schnellstens beenden. Auch eine Widder-Frau läßt ihren Partner nicht im unklaren. Sie kann eigentlich nicht betrügen. Sie bleibt oder springt ganz ab.

Auf die Treue des Widders ist spätestens dann Verlaß, wenn es wirklich darauf ankommt. Zweideutige Situationen und spielerische Verführungen liegen ihm nicht. Er bemerkt solche Bemühungen entweder gar nicht, oder hält sie für so selbstverständlich, daß er darüber zur Tagesordnung übergeht. Es kann auch sein, daß ihm solche Situationen komisch vorkommen und er lauthals darüber lacht. Gefährlicher ist es schon, wenn der Widder herausgefordert wird. Die leichteste Art, einen Widder zu verführen, ist immer noch, ihn zu ärgern.

Der traurige Widder

Auch einem Widder gelingt nicht alles im Leben. Wenn klärende Aussprachen nichts geholfen haben und das Drängen und Bedrängen erfolglos war, dann ist der Widder traurig. Er kann seiner Umgebung damit ganz gewaltig auf die Nerven gehen. Wenn ein Widder eine Niederlage verarbeitet, dann darf die ganze Welt daran teilnehmen.

Während andere ihr Unglück in Alkohol ertränken oder allein sein wollen, setzt sich ein Widder in Bewegung. Er geht unter die Leute. Er muß reden und seine Probleme in Bewegung umsetzen. Er flüchtet in energische Aktivität. Da er seine Probleme nur im Kontakt mit der Außenwelt lösen kann, beunruhigt er seine ganze Umwelt. Das ist das, was man einen ›Außensitz‹ der Seele nennen könnte. Der Widder rotiert gewissermaßen. Die Ruhe beengt ihn in diesem Zustand noch mehr als sonst. Er bekommt Platzangst. Er möchte reisen oder einfach nur Auto fahren. Er kann nicht mehr stillsitzen. Er wandert im Zimmer auf und ab. Wie ein Krebs im Schmerz zur Regungslosigkeit erstarrt, nirgendwo mehr hingeht, in die Einsamkeit flüchtet, so wird ein Widder hektisch lebendig. Seine Unternehmungslust kann dann zur krankhaft übersteigerten Ruhelosigkeit werden. Gleichgültig, was geschieht, wenn nur irgend etwas passiert.

Wenn Sie eines Nachts nicht schlafen können, weil Ihr sonst so netter Nachbar um vier Uhr morgens immer noch Klavier spielt, dann seien Sie ihm nicht böse. Vermutlich geht es ihm schlechter als Ihnen, denn es ist ein Widder mit Liebeskummer oder einem anderen schweren Problem.

Wenn Ihr Widder-Partner plötzlich die Möbel in der Wohnung umstellen will, seien Sie wachsam. Es kann sein, daß ihn etwas so stark beschäftigt, daß er ausnahmsweise nicht darüber reden will. Überrascht Sie Ihre Widder-Tochter mit der Nachricht, daß sie eine gewaltige Radtour oder eine weite Wanderung unternehmen will, seien Sie mißtrauisch. Widder lieben zwar die sportliche Betätigung, aber man weiß nie genau, was sonst noch dahintersteckt. Vielleicht ist sie unglücklich verliebt. Dabei sind 100 Kilometer mit dem Rad noch ein mittlerer Schmerz. Wenn Sie einen Hund besitzen, hatte er sicher schon einmal unaufschiebbare Gründe, Sie mitten in der Nacht aus dem Bett zu holen. Während Sie dann fröstelnd darauf warten, daß er endlich mit seinen Verdauungsbeschwerden ins reine kommt, ist Ihnen sicherlich irgendwann ein männliches oder weibliches Wesen aufgefallen, das trotz der kalten Witterung ziellos durch die Straßen irrte. Vielleicht war gerade ein Widder dabei, seinen Kummer in Kilometer umzusetzen. Ein trauriger Widder gehört nämlich zur Gruppe der ›Geher‹.

Der aggressive Widder

In der Kriminalgeschichte wird man ebensoviele Widder finden, wie Angehörige anderer Tierkreiszeichen, aber zum Beispiel Giftmischer sind sehr selten. Will sich ein Widder etwas verschaffen, was ihm eigentlich nicht zusteht, dann tut er das auf direktem Wege. Er bricht ein, wendet vielleicht sogar Gewalt an, ist aber kaum heimtückisch. Die Erklärung dafür ist ganz einfach. Der Widder symbolisiert Aggression und Durchsetzungsvermögen. Raffinierte Betrügereien sind nicht nach seinem Geschmack, denn sie stellen Umwege dar.

In der Verteidigung und im Angriff flüchtet der Mensch immer in seine tierkreisspezifischen Eigenheiten. Er bedient sich der

Mittel, die ihm Sicherheitsgefühl geben. Lüge und Verstellung gehören nicht zu den spezifischen Mitteln des Widders. Er wird deshalb kaum einen perfekten Heiratsschwindler abgeben. Er ist in dieser Rolle nicht in seinem Element. Instinktiv läßt er die Finger von Dingen, von denen er angeborenermaßen nichts versteht. Ebenso tierkreisspezifisch verhält sich der Widder, wenn er in eine bedrängte Lage gerät. Er setzt sich dann mit den Waffen zur Wehr, die ihm sein Tierkreiszeichen in die Hand gibt. Er greift in einer auswegslosen Situation angeborenermaßen zum Messer oder schießt sich frei. Soweit sich das auf die Kriminalität bezieht, dürfen Sie es ruhig wörtlich verstehen.

Die sieben Planeten mit ihren Zeichen und Kindern sowie ihrer Zugehörigkeit zu den Wochentagen. In der Mitte ein Aspektschema. Darstellung um 1490

Das Geheimnis des Erfolges

Ein Widder ist nicht mutiger als andere Menschen auch. Sein sprichwörtlicher Wagemut und das ihm nachgesagte Draufgängertum haben ihren Ursprung in der Flucht nach vorn und in der Unbedenklichkeit. Der Widder ist aber nicht aus Mut unbedenklich, sondern weil er nicht bedenken kann. Mit seiner Unbefangenheit erinnert er an die arglosen Tiere einer abgeschiedenen Insel, die noch keine bösen Erfahrungen mit Menschen gemacht haben.

Erinnert man sich der Tatsache, daß der Widder das erste Zeichen im Tierkreis ist, somit auch die erste Stufe einer jeden Entwicklung symbolisiert, dann wird verständlich, warum diese Menschen mit einer beneidenswerten Unbekümmertheit durchs Leben gehen. Vergleicht man einmal das seelische Frühstadium eines gesund entwickelten Kindes mit den Verhaltensweisen eines Widders, so fällt auf, daß viele Gemeinsamkeiten gegeben sind, vor allem Ehrlichkeit der Reaktion, unmittelbare Verarbeitung eines Eindrucks, Arglosigkeit und Gutgläubigkeit.

Damit soll keineswegs behauptet werden, daß der Widder wie ein Kind ist. Der wesentliche Unterschied liegt in der Übersetzung dieser Eigenschaften in die Charakteristik eines erwachsenen Menschen. So gehört zu diesen Merkmalen, daß ein Widder eigentlich keine Zukunftsangst kennt. Er lebt ganz gegenwartsbezogen. Probleme, die in einer ungewissen Ferne liegen, können ihn nicht beirren. Es mag Fälle geben, in denen es auch für einen Widder besser wäre, einem Ereignis vorbereitet gegenüberzutreten, aber meist wird er mit solchen Problemen fertig. Die Schwächen eines Tierkreiszeichens enthalten gleichzeitig ausgleichende Gegenkräfte. Eine unvorbereitete Situation hat auf den Widder nicht die gleiche Schockwirkung wie etwa auf den Stier oder Steinbock. Ein Tier, das nicht flüchten muß, weil es wehrhaft genug ist, hat keine ausgeprägten angeborenen Fluchtmechanismen.

Ein Widder findet für alles eine Lösung. Er ist selten ratlos und gibt sich nicht so leicht geschlagen. Er gehört auch nicht zu den Menschen, die vor lauter Grübelei nicht zum Handeln kommen. Seine Reaktionszeit ist kurz. Er stellt sich jeder Situation und sei sie noch so unangenehm. Er drückt sich nicht vor

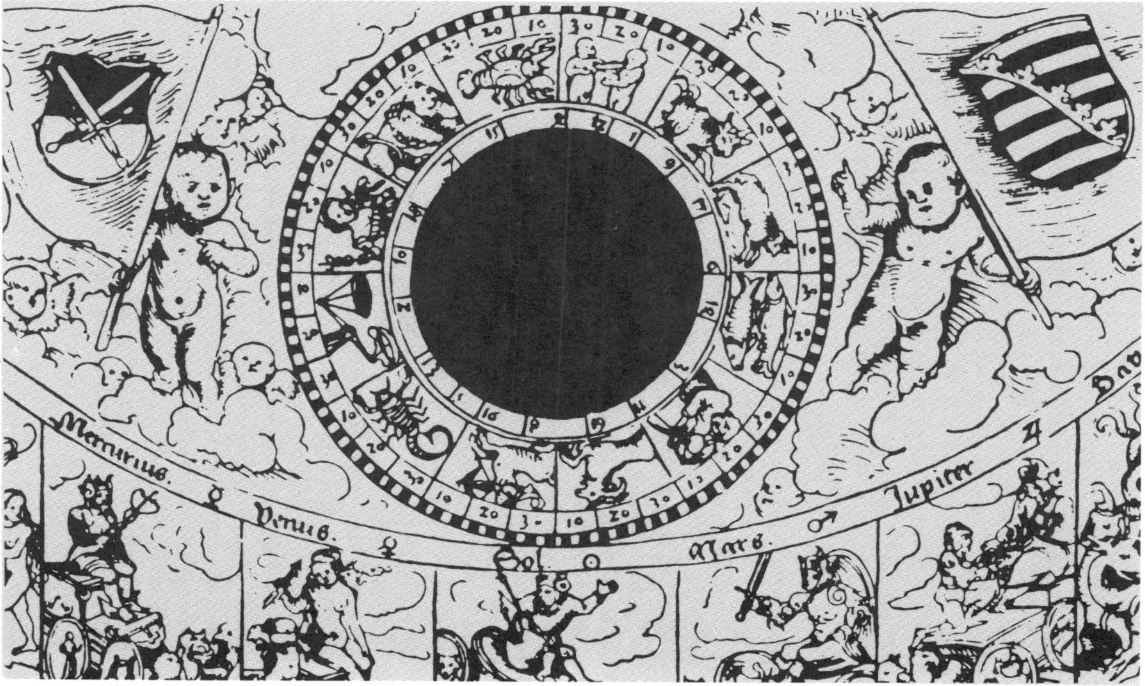

Kalenderblatt im Detail, Holzschnitt von Lucas Cranach D. Ä.

Schwierigkeiten, sondern fordert sie manchmal geradezu heraus. Auf Vorratswirtschaft und Absicherung ausgerichtete Verhaltensweisen sind daher beim Widder nur schwach entwickelt. Es ist, als kenne jeder ganz genau seine Stärken und Schwächen und richte darauf den seelischen Haushalt ein. Ein Stier verfügt nicht über die Wendigkeit des Widders, mit Schicksalsschlägen fertig zu werden. Er muß infolgedessen alle Eigenschaften fördern, die ihn davorbewatren, in solche Schwierigkeiten erst zu kommen. Da er bei weitem nicht so regenerationsfähig wie ein Widder ist, kann er nicht immer wieder von vorne anfangen, ohne Schaden zu erleiden.

So hat jedes Tierkreiszeichen seine Achillesferse. Der Verlust von materiellen Gütern erschüttert den Widder nicht. Er ist viel stärker beeinträchtigt, wenn man ihm die Bewegungsfreiheit nimmt und damit die Lebensluft abschnürt. Er liebt die Handlungsfreiheit und kann keinen Zwang ertragen.

Ein Widder denkt und handelt nicht nur spontan, sondern auch unkonventionell. Auch dies wird vielfach mit Mut verwechselt. In Wirklichkeit folgt er nur seinem Impuls auf dem direkten Weg zum Ziel. Er verfängt sich nicht so leicht im Labyrinth des Zweifels wie die Angehörigen anderer Tierkreiszeichen. Während beispielsweise eine Jungfrau oder ein Stier noch das mögliche Risiko abwägen, hat der Widder schon gehandelt. Und meistens mit Erfolg! Weil er Umwege verachtet, ist er oft schneller als die Konkurrenz. Und sollten Sie selbst einmal vor einem unlösbaren Problem stehen, ziehen Sie ruhig einen Widder zu Rate. Was vorher kompliziert erscheint, entwirrt sich dann plötzlich. Der Widder findet meistens die naheliegendste und einfachste Lösung. Von dem Physiker John Tyndall, der selbst kein Widder war, gibt es eine Anekdote, die das Problem sehr gut beschreibt. Thomas Alva Edison hatte eine Methode der elektrischen Spannungsteilung gefunden, die sich über weite Strecken mit dem Forschungsergebnis von Tyndall deckte. »Nur den letzten Schritt, der so kindlich einfach ist, bin ich nicht mehr gegangen«, erklärte Tyndall. »Warum denn nicht, wenn er so kindlich einfach ist?« wurde er gefragt. »Weil ich kein Genie bin.« Wäre Tyndall Astrologe gewesen, hätte er vielleicht gesagt: »Weil ich kein Widder bin.«

Der Widder und die Liebe

Der Widder-Mann

Um herauszufinden, wann ein Widder verliebt ist, bedarf es keiner hellseherischen Fähigkeiten. Meist trifft es ihn wie ein Blitzschlag. Er kann ohnehin schlecht verbergen, was in ihm vorgeht, und schon gar nicht, wenn es sich um Liebe handelt.

Ein verliebter Widder ist stürmisch, aber seine Leidenschaft ist derbe Hausmannskost. Wenn Sie in der Liebe einen kräftigen Erbseneintopf bevorzugen, dann haben Sie im Widder den richtigen Partner gefunden. Fische und Krebse erleben allerdings eine herbe Enttäuschung. Ein richtiger Widder schreibt keine poetischen Liebesbriefe und hält nichts von stiller Verehrung und langsam keimender Leidenschaft. Das ist für ihn reine Zeitverschwendung. Er zappelt nicht gern an der Leine und sei sie noch so lang. Dies sei gleichzeitig auch eine Warnung an alle, die gerade einen Widder an der Angel haben. Taktische Planspiele können ins Auge gehen. Ein Widder setzt sich nämlich mit seinem ganzen Gefühl für seine Liebe ein. Spürt er plötzlich, daß man ihn nicht ernst nimmt, kann er humorlos reagieren. Er wird das Verhältnis radikal beenden und sich enttäuscht zurückziehen. Wenn Sie also die ernsthafte Zuneigung eines Widders erwidern, dürfen Sie getrost die Netze einholen. Der Fang ist Ihnen zunächst sicher.

Wenn Sie nicht allzu empfindlich sind, hin und wieder auch nachgeben können, wird Ihr Leben nun um vieles leichter werden. Ein Widder ist nicht nur stark genug, mit seinen eigenen Problemen fertig zu werden, sondern übernimmt gern Ihre Probleme dazu. Er hält Ihnen alle Streitigkeiten vom Leib, die Ihnen unangenehm sind. Wenn Ihnen im Restaurant ein versalzenes Essen gebracht wird, können Sie sicher sein, daß sich der Geschäftsführer persönlich bei Ihnen entschuldigen wird. Sie haben künftig keinen Ärger mehr mit Hauswirten und Nachbarn, denn ein Widder verteidigt überall sein Recht und setzt seine Forderungen durch. Und künftig wird es sich mancher zweimal überlegen, ob er es wagen kann, Sie zu verletzen. Das Leben mit einem Widder ist zwar anstrengend, doch vermittelt es ein Gefühl der Geborgenheit. Zur Aussteuer einer Ehe, die Sie mit einem Widder eingehen, gehört unbedingt ein Paar feste Schuhe, denn in Zukunft leben Sie gesund. Ihr Kreislauf wird sich endlich von den Jahren der Bequemlichkeit erholen. Am Wochenende wird mit der ganzen Familie eine Bergtour geplant. Im Winter werden Sie Ski laufen lernen müssen. Sollten Sie dazu keine Lust haben, dann lassen Sie Ihren Widder ruhig einmal allein fahren. Je anstrengender die Tour war, um so friedlicher und ausgeglichener kommt er zurück.

Fast jeder Widder hat ein Hobby, das mit Bewegung zu tun hat. Er ist kein Briefmarkensammler und wird wenig Freude am Basteln haben, es sei denn, er baut in sein Auto einen zusätzlichen Vergaser ein.

Sie leben gesund und können sich geborgen fühlen, aber Sie leben auch gefährlich. Deshalb sollten Sie immer daran denken, sich nicht in zweideutige Situationen zu begeben. Zweideutig heißt nämlich für einen Widder eindeutig. Andere Männer sollten Ihnen nie die Wange tätscheln, nicht einmal zur Faschingszeit. Das kann den Widder so eifersüchtig machen, daß Ihnen der Humor vergeht. Leider ist der Widder immer dann eifersüchtig, wenn er es nicht sein müßte, während er oft ahnungslos bleibt, wenn er besser genau aufpassen sollte. Es ist ihm nämlich völlig entgangen, daß Sie schon den ganzen Abend mit dem Herrn flirten, der zwei Tische von Ihnen entfernt sitzt.

Die Widder-Frau

Eine Widder-Frau ist keine Märchenprinzessin, die sich von Ihnen in ein Luftschloß entführen läßt. Sie werden vielleicht auf anschmiegsame Ergebenheit verzichten müssen, aber dafür haben Sie eine Frau, die Ihnen bei einer Autopanne nicht im Weg steht. Wahrscheinlich versteht sie vom Reifenwechsel mehr als Sie selbst und wird Ihnen auch dann zur Hand gehen, wenn dabei ein Abendkleid zum Teufel geht.

Die Widder-Frau kann vor Liebe entflammt sein, aber sie hat trotzdem noch ihre Sinne beisammen. Einem leidenschaftlichen Abenteurer ist sie zwar nie abgeneigt, aber ihr gerader Realitätssinn verbietet ihr, feste Bindungen einzugehen, die keine Erfolgsaussichten haben. Die Widder-Frau kauft keine Katze im Sack. Und das hat den ungeheueren Vorteil, daß sie ihren Partner mit allen Fehlern und Schwächen akzeptiert, wenn sie einmal ja gesagt hat. Ob sie ihre Unabhängigkeit und Selbständigkeit aufgeben will, hat sie sich zuvor gründlich überlegt, denn die Freiheit kann ihr ebensoviel bedeuten wie die große Liebe. Wenn es sein muß, kann sie auch allein durchs Leben gehen. Das erspart ihr oft eine Menge Ärger, den sie gar nicht schätzt. Küchenarbeit und Kindererziehung sind bei Widder-Frauen nicht sehr beliebt. Die Widder-Frau spricht lieber mit Ihnen über Ihre beruflichen Probleme, während Sie dabei abwaschen. Sie mag zwar keinen Pantoffelhelden, aber die Erinnerung an Mutters Weihnachtsplätzchen müssen Sie bei ihr endgültig vergessen. Vielleicht werden Sie einmal mit Ihrem Lieblingsgericht überrascht, doch seien Sie darauf gefaßt, daß es sehr scharf gesalzen oder gepfeffert ist. Meisterköchinnen sind in diesem Tierkreiszeichen die Ausnahme von der Regel. Trotzdem ist die Widder-Frau kein Luxusartikel. Sie ist im Gegenteil eher eine echte Lebenskameradin, eine Partnerin, die nicht verwöhnt werden will, sondern aktiv an Ihrem Leben teilnehmen möchte.

Sie wird gerade in schweren Zeiten zu Ihnen stehen und jeder Belastungsprobe gewachsen sein. Vermutlich wird sie den Wunsch haben, auch in der Ehe ihrem Beruf nachzugehen. Vielleicht müssen Sie dabei ab und zu etwas zurückstehen, doch sie wird letztlich nie vergessen, daß sie mit Ihnen verheiratet ist. Nur wenn Sie versuchen, sie in der Küche einzusperren und zu einem Hausmütterchen zu machen, wird sie eines Tages die Koffer packen und ihr Leben wieder selbst in die Hand nehmen. Sie verträgt keine Abhängigkeit, die sie nicht selbst gewählt und nicht freiwillig auf sich genommen hat.

Anekdoten über berühmte Widder

Otto von Bismarck

Der Referendar Bismarck ließ sich beim Regierungspräsidenten von Potsdam anmelden. Er bekam einen Termin, mußte eine halbe Stunde warten und sah den Wichtigtuer, wenn sich die Tür öffnete, stets untätig am Schreibtisch sitzen. Als er endlich vorgelassen wurde, sagte er: »Ich war hierher gekommen, weil ich um Urlaub bitten wollte, jetzt bitte ich um meinen Abschied.«

Der Reichstagabgeordnete Otto von Bismarck wohnte bei einer Frankfurter Patrizierfamilie, die auf Preußen nicht gut zu sprechen war. Seine Bitte um eine Zimmerglocke, die es ihm gestattete, den Diener zu rufen, wurde mit der Begründung abgelehnt, Neuanschaffungen seien Sache des Mieters. Kurz darauf krachte ein Schuß. Der Hausherr stürzte ins Zimmer Bismarcks. »Eigentlich habe ich meinen Diener erwartet«, meinte Bismarck. Am nächsten Tag erhielt er die Klingel.

Bismarck zu Beust in Gastein, August 1881: »Ich war einmal drüben in den Räumen des Kaisers und habe mich schwarz geärgert. Ich schließe die Türe heftig, der Schlüssel bleibt in meiner Hand. Ich trete bei Lehndorff (dem Generaladjutanten des Kaisers) ein und werfe den Schlüssel in das Waschbecken, das in tausend Stücke geht. »Mein Gott«, sagt dieser, »sind Sie krank?« »Gewesen«, erwidere ich, »jetzt bin ich wieder ganz wohl.«

Toscanini

Der Geiger Yehudi Menuhin probte mit Toscanini in einem Hotelzimmer. Das Telefon schellte. Toscanini war so vertieft, daß er das Klingeln nicht zu hören schien, doch Menuhin wurde um die Konzentration gebracht. Beim zehnten oder zwölften Glockenzeichen erhob sich der Maestro ruhig von seinem Klaviersessel, riß das Kabel samt Putz aus der Wand und setzte sich ohne ein Wort wieder an den Flügel.

Edgar Wallace

Ein Freund wollte Edgar Wallace besuchen. »Sorry«, sprach der Butler, »ich kann Mr. Wallace jetzt nicht stören; er hat soeben einen neuen Kriminalroman begonnen.« Der Besucher trat näher. »Ich warte, bis er fertig ist.«

Otto von Bismarck, Ölgemälde von Franz von Lenbach ▶

Armillarsphäre mit allegorischen Figuren, Buchillustration von 1515

Hans Christian Andersen

Björnstjerne Björnson über seinen Landsmann und Kollegen Hans Christian Andersen, den er in Rom zu ungelegener Zeit besuchte, und der ihn grob abgewiesen hatte: »Ich sah den Satan in seinem Gesicht.«

Der Widder und die anderen

Bezieht man sich nur auf die Verhaltensweisen der einzelnen Tierkreiszeichen, also auf den Geburtstag (Sonne), so kann man eine Faustregel aufstellen. Die idealste Verhaltenskombination stellen immer die Zeichen dar, die durch ein Zeichen voneinander getrennt sind – also ein Zeichen und das jeweils übernächste. Für den Widder sind das der Wassermann und der Zwilling. Dabei ist meistens das im Jahresverlauf vorherliegende Zeichen für die Verbindung bestimmend. Der Widder wird also durch den Wassermann bestimmt, der Zwilling durch den Widder. Gute Kombinationen ergeben außerdem die Verhaltensweisen der Zeichen, die das gleiche Element repräsentieren. Beim Widder sind das die Feuerzeichen Löwe und Schütze. Allerdings ist dies eine Verbindung, die schädlich sein kann, da man sich auch in den

Extremen bestätigt und kein korrigierender Ausgleich gegeben ist.

Die Zeichen, die jeweils durch zwei Zeichen voneinander getrennt sind, weisen unvereinbare Verhaltensweisen auf, behindern sich gegenseitig, ohne sich zu ergänzen. Hier herrscht ständiges Reizklima.

Die Verhaltensweisen der Zeichen, die fünf oder sieben Tierkreisstationen auseinanderliegen, sind sich eher fremd. Sie reizen sich nicht und begreifen sich nicht. Es herrscht ein spannungsloses Mißverständnis. Dies sind für den Widder die Jungfrau und der Skorpion. Ähnliches gilt für benachbarte, also unmittelbar aufeinander folgende Zeichen. Dabei herrschen verschiedene Motivationen auf gleicher Ebene vor, was meist zu stärkeren Kontroversen führt.

Die sich gegenüberliegenden Zeichen ergeben in der Kombination ständige produktive Auseinandersetzungen, die sich aus der Gegensätzlichkeit der Verhaltensmotive entwickeln. Man hält sich gegenseitig in Schach.

Dieses Gegenüberstellen von Tierkreiszeichen ist für Partnerschaften nicht nur produktiv, sondern auch harmonisch, wenn nicht nur der Geburtstag, sondern auch die Geburtsstunde (Aszendent) einbezogen wird. Es ist wohl die idealste Kombination für das Zusammenleben, wenn der eine Partner seinen Aszendenten in dem Zeichen hat, in dessen Bereich der Geburtstag des anderen fällt. Die Verhaltensweise des einen entspricht dann der Anlage des anderen. Hier kann allerdings nur über die Verhaltensweisen und nicht über die Anlagen gesprochen werden.

Widder und Widder

Für diese Bindung gilt zunächst das gleiche, wie für jede andere Verbindung gleicher Tierkreiszeichen. Auch bei unterschiedlichen Anlagen (Aszendent) weckt die Gemeinsamkeit der Verhaltensweisen Sympathie. Widder haben Verständnis füreinander. Ob man daraus eine Ehe machen will, bleibt Anschauungssache. Speziell diese Verbindung braucht jedoch viele gute Freunde, gemeinsame Aufgaben und Ziele, denn sie ist nicht für stille Zweisamkeit geschaffen. Zwei Widder beschäftigen sich weniger mit sich selbst, sondern vielmehr mit gemeinsamen Problemen. Dabei kann es sich um die Kinder oder ein gemeinsam geführtes Geschäft handeln. Kollegenehen gedeihen auf dieser Grundlage besonders gut, halten aber meistens einem Druck von außen nicht lange stand. Finanzielle Sorgen führen zu Streitigkeiten, nörgelnde Angehörige stören die Harmonie.

Im allgemeinen wird die Verbindung zweier Widder um so fester, je stärker ungünstige Einflüsse die Partnerschaft belasten. Das mag unglaublich klingen, wird aber verständlich, wenn man sich das Verhaltensprinzip des Widders, nämlich Orientierung durch Konfrontation und Widerstände, noch einmal vor Augen hält. In Widder-Verbindungen wird jedes neue Problem zum Bindeglied in der gemeinsamen Sorge um die Zukunft. Zwei Widder fühlen sich weniger aneinander als gegeneinander gebunden.

Widder und Stier

Wenn ein Widder und ein Stier schon etwas Gemeinsames unternehmen wollen, sollten Sie besser eine Firma, aber keine Ehe gründen. Bei einer Firma wäre zumindest der geschäftliche Erfolg nicht in Frage gestellt.

Vielleicht haben Sie schon einmal spielende Kinder am Strand beobachtet. Plötzlich gibt es ein fürchterliches Gebrüll. Sie kennen die Ursache nicht, aber vielleicht ist es ein Stier-Kind, dem ein kleiner Widder mit seinem Feuerwehrauto die mühsam errichtete Burg zusammengefahren hat. Dieses Beispiel zeigt, daß sich diese beiden Tierkreiszeichen häufig im Weg stehen, wenn es um die Verwirklichung der eigenen Anlagen geht. Ein Stier reagiert nämlich besonders empfindlich auf Grenzverletzungen jeder Art. Und gerade der Widder hat ein ausgeprägtes Talent, immer wieder ins Fettnäpfchen zu treten. Oft merkt er es nicht einmal, wenn er die wohldurchdachten Pläne seines Stier-Partners vereitelt. Der Stier hingegen blockiert ständig die Impulse des Widders und hemmt damit dessen Energie und Tatkraft. Der Stier als zweites Zeichen im Tierkreis und erstes Erdzeichen hat ganz andere Verwirklichungsziele als der Widder. Nach der Selbstdurchsetzung im Zeichen des Widders tritt der Tierkreis in das Stadium der Sammlung, der ordnenden Sichtung des materiellen Bereichs. Folglich ist der Stier das Symbol des Haushalts oder der Hausordnung der Natur und verkörpert die Bindungs-

Die sieben Planeten als Herren der sieben Wochentage, Holzschnitt aus einem englischen Kalender von 1503

wertigkeiten eines jeden organisierten Gefüges. Deshalb ist die Verhaltensweise des Stiers in erster Linie bewahrend. Jede Verausgabung und Verschwendung tut ihm weh. Dagegen spart der Widder überhaupt nicht, weder mit Geld, noch mit Liebe oder Lebenskraft. Er wirtschaftet mit seinem Kapital nicht umsichtig und vorsichtig wie der Stier. Außerdem gründet sich das Sicherheitsgefühl des Stiers auf die Zugehörigkeit zur Gemeinschaft. Die eigenwillige Lebensführung des Widders kann ihn in ernste Konflikte bringen, wenn sich diese nicht an die Regeln der Gesellschaft hält. Verläßt der Widder die Wege der sogenannten

Wohlanständigkeit, und er tut dies recht gern, entzieht er gleichzeitig seinem Stier-Partner den Boden unter den Füßen. Ein jeder Stier leidet Höllenqualen, wenn ihm die Achtung der Gemeinschaft versagt bleibt.

Doch ein Vorteil bleibt auf jeden Fall: Ein Widder-Mann, der mit einem Stier-Mädchen verheiratet ist, wird niemals mit unausgebürstetem Anzug aus dem Haus gehen. Der Stierpartner wird ständig in fürsorgender und vorsorgender Weise beschäftigt sein, und den Widder so lieben, wie man ein Kind liebt. Außerdem wird der Stier den Widder auch etwas bewundern, weil er

Sterne fallen vom Himmel, Holzschnitt aus der Werkstatt Lucas Cranachs D. Ä.

unbedenklich und naiv und von Lebensklugheit noch nicht verdorben ist. Wenn die Fürsorge des Stiers nicht so weit geht, daß der Widder darin erstickt, dann kann die Beziehung durchaus positiv sein. Der Stier hat dabei den Vorteil, daß er elastisch bleibt und dem Hang zur pedantischen Regelmäßigkeit nicht allzu sehr nachgibt.

Widder und Zwilling

Widder und Zwilling verstehen sich meistens auf Anhieb. Die Grundelemente beider Verhaltensweisen ergänzen sich. Dabei sind Verbindungen zwischen einem männlichen Widder und einem weiblichen Zwilling noch besser als Beziehungen zwischen einem weiblichen Widder und einem männlichen Zwilling. Manchmal fühlt sich der Zwilling-Mann durch die Aktivität der Widder-Frau in seiner Männlichkeit etwas beeinträchtigt, aber das ist meistens nur am Anfang so und gibt sich sehr schnell. Die Gemeinsamkeit von Widder und Zwilling liegt vor allem in der Außenbezogenheit, im Angewiesensein auf Aktivität. Doch gerade hier zeigen sich gleichzeitig die unterschiedlichen Motive. Es herrscht nämlich jeweils ein anderes Verhältnis gegenüber der Aktivität und Außenbezogenheit vor.

Der Widder braucht die Konfrontation, den Widerstand, den Kontakt zur Umwelt, um selbst aktiv werden zu können, in Bewegung zu kommen und im Kontakt mit der Umwelt sich selbst zu finden. Man könnte sagen: Bewußtheit durch direkte, engagierte Auseinandersetzung. Beim Zwilling ist dies ganz anders. Der Zwilling ist ebenfalls umweltorientiert und hat vielseitige Interessen an der Umwelt, aber diese Interessen sind so vielseitig, daß er sich im einzelnen nicht engagieren kann. Er beobachtet die Umwelt, er ›schöpft sie aus‹, ohne sich mit ihr zu identifizieren oder sich von ihr antreiben zu lassen. Er macht sozusagen nur eine betrachtende Bestandsaufnahme. Er ist antriebslos und von einem neutralen Standpunkt aus aufgeschlossen.

Aus diesem Grunde können sich beide Verhaltensweisen ausgezeichnet ergänzen. Die gemeinsame Bindung ist die Außenwelt. Während der Zwilling eher antriebslos ist, bringt der Widder Bewegung, Richtung, Antrieb in die gegenseitige Beziehung. Allerdings bestärken sich beide in ihrer Aktualitätsbezogenheit, so daß auf die Dauer der Zwang entstehen könnte, die Oberfläche zu belegen. Man kann von der Außenaktualität in zu starkem Maße bewegt und gerichtet werden. Im allgemeinen ist jedoch die Verbindung Widder und Zwilling für beide Teile sehr günstig. Der eine erschließt die Umwelt, der andere setzt sich mit ihr auseinander.

Widder und Krebs

Die Verbindung zwischen einem Widder und einem Krebs ist nicht ideal. Für beide gibt es Partner im Tierkreis, mit denen sie sich besser ergänzen. Trotzdem mögen sie sich. Ihr Verhältnis zueinander ist etwa wie das zweier Menschen verschiedener Nationalität, die sich sympathisch sind, ohne einander zu verstehen. Ihre Herkunft sowie ihre Ziele sind grundverschieden. Die Probleme des Krebses sind für den Widder keine Probleme, und die Ziele des Widders sind für den Krebs keine Ziele. Zwar wird sich der Krebs geduldig die oft abenteuerlichen Pläne seines Widder-Partners anhören, aber echte Anteilnahme kann er nicht aufbringen. Auch wird sich der Widder in rührender Hilfsbereitschaft für den in Schwierigkeiten befindlichen Krebs einsetzen, und Krebse sind immer in Schwierigkeiten, doch trotz all seiner Bemühungen wird ihm der Krebs wesensfremd bleiben.

Die Liebesgeschichte zwischen einem Krebs und einem Widder wird kaum jemanden zu Tränen rühren. Wenn die Liebelei ohne Happy-End bleibt, schlägt eine Trennung keine tiefen Wunden. Vermutlich war bei dieser Verbindung der Widder der werbende Teil, denn der Krebs-Mann ist von der Selbstsicherheit der Widder-Mädchen so stark beeindruckt, daß seine schüchternen Annäherungsversuche nicht ausreichen, seine Liebe verständlich zu machen. Unter den Bewerbern um eine Widder-Frau gehört der Krebs meist zu den stillen Verehrern.

Eine dauerhafte Verbindung ist vor allem dann möglich, wenn der weibliche Partner der Krebs ist. Im umgekehrten Fall besteht die Gefahr, daß sich die Widder-Frau für ihren Krebs-Mann aufopfert. Sie nimmt ihm alles ab, was ihm lästig fällt, und einem Krebs ist fast alles lästig, aber weil er sich im Grunde doch unverstanden fühlt, wird er sich eines Tages vielleicht von ihr abwenden. Von Frühehen dieser beiden Tierkreiszeichen sei deshalb

Aderlaßmann, alte medizinische Darstellung mit Tierkreiszeichen im Detail

ganz besonders gewarnt. Damit sind hauptsächlich die Widder-Frauen gemeint, die es sich in den Kopf gesetzt haben, einen sehr jungen Krebs zu heiraten. Krebs-Männer wirken in der Jugend unentschlossen, hilflos, oft sogar labil. Sie fordern den Mutterinstinkt einer jeden Frau heraus. Aber als Spätentwickler bekommen sie plötzlich präzise Vorstellungen von ihrem Leben und werden dann eigenständig, wenn man es nicht mehr erwartet. Die Hilfe der Widder-Frau, für die der Krebs früher so dankbar war, wird ihm plötzlich lästig, und er fühlt sich mehr gestört als unterstützt. So sind die Widder für den Krebs im besten Falle gute, aber nur zeitweilig geeignete ›Entwicklungshelfer‹.

Widder und Löwe

Nach einer alten Regel der Astrologie passen Widder und Löwe gut zusammen, weil beide Feuerzeichen sind. Sie sind gewissermaßen aus einem Holz geschnitzt. Das gilt übrigens auch für den Schützen, der als drittes Feuerzeichen ebenfalls in diese Gruppe gehört. Die gemeinsame Substanz ist ein expansives Lebensgefühl, das zu vielen Ähnlichkeiten im Verhalten führt. Der Antrieb ist jedoch bei Löwe und Widder sehr verschieden.

Der Widder symbolisiert den Urzustand der expansiven richtungslosen Energie, während der Löwe die sich verausgabende seelische expansive Kraft versinnbildlicht. Somit sind diese Tierkreiszeichen etwa mit zwei Menschen vergleichbar, die denselben Weg aus verschiedenen Gründen gehen. Die gemeinsame Grundlage ist das Prinzip von Expansion und Beweglichkeit, von dem sie jeweils ein anderes Stadium verkörpern.

Der Löwe ruht in sich selbst; er ist sich selbst ein ›Souverän‹. Er betrachtet die Umwelt als mögliche ›Beute‹, braucht sie aber auf keinen Fall zu seinem Selbstverständnis. Im Löwen bricht nämlich ein Urtrieb durch. Er ist der Jäger, den die Beute reizt, die sich bewegt und entzieht, die man erobern muß.

Nun, der Widder bewegt sich allemal. Das Interesse des Löwen ist ihm also sicher. Er muß nicht erst ›Beute spielen‹, was für andere Tierkreis-Partner des Löwen oft so anstrengend ist. Da sich jedoch der Widder nicht ohne weiteres erobern läßt, geht es bei der gegenseitigen Werbung oft heiß her. Sollten Sie einmal zu einer Widder-Löwe-Hochzeit eingeladen werden, dann verzichten Sie besser auf wertvolle Prozellangeschenke. Meinungsverschiedenheiten können in diesem Haushalt hin und wieder recht teuer werden.

Ob es sich um eine leidenschaftliche Umarmung oder um eine Auseinandersetzung handelt, unter Verständnisschwierigkeiten leidet diese Verbindung nicht. In guten wie in bösen Tagen, man spielt in gleicher Lautstärke auf dem gleichen Instrument. Außerdem ist es bei einer solchen Verbindung sehr günstig, daß der Löwe den Widder nicht einengt. Ein Jäger braucht Bewegungsfreiheit, um unmittelbar reagieren und die jeweilige Situation nützen zu können. Daher hat der Löwe die Tendenz zu geistiger Unverbindlichkeit, die dem Widder Platz zur eigenen Orientierung läßt. Allerdings: Bei einer Widder-Löwe-Bindung müssen Wohnung und Umwelt stabil sein.

Widder und Jungfrau

Die Temperamente von Jungfrau und Widder haben ungefähr soviel gemeinsam wie eine Vase mit einem Moped. Die Anziehungskraft der beiden beschränkt sich daher auf das, was Menschen beiderlei Geschlechts füreinander im Notfall aufbringen können. Ein Widder-Mann ist zwar durchaus nicht unempfänglich für die Reize eines Jungfrau-Mädchens. Auch eine Widder-Frau kann sich für den bestechenden Intellekt eines Jungfrau-Mannes vorübergehend begeistern, doch das Vergnügen aneinander wird nur von kurzer Dauer sein.

Jeder Widder nimmt die Gesamtheit eines Eindrucks auf und antwortet mit der Gesamtheit seiner Persönlichkeit. Eine Jungfrau hingegen hat mit ihrem analytischen Lebensgefühl nicht viel Freude an der Impulsivität ihres Widder-Partners. Sie nennt Spontaneität ganz einfach Distanzlosigkeit. Und da sie nicht sparsam mit Kritik umgeht, kann sie ihrem Widder eine Ernüchterung nach der anderen bieten.

Widder und Jungfrau sind zwei Tierkreiszeichen, die nicht füreinander geschaffen sind. Wie der Widder oft einem unkontrollierten Aktivitätszwang ausgeliefert ist, so wird das Sicherheitsgefühl der Jungfrau von kühler Umweltanalyse bestimmt. Sie unternimmt selten etwas, ohne zuvor die Verhältnisse genauestens ausgelotet zu haben. Vor das Handeln hat sie ein sehr feinmaschiges Filtersystem gespannt, in dem sich jedes unpassende Signal verfängt. Sie ist fast so sensibel wie ein Fisch, doch im Gegensatz zu ihm reagiert sie sehr präzis auf Signale von außen. Wird sie unsicher gemacht, dann flüchtet sie ins Detail, das kein Widder mit ihr teilen kann.

Titelbild einer Praktik von 1523, eine Mondfinsternis für den März anzeigend

Mißverständnisse zwischen diesen beiden Tierkreiszeichen sind an der Tagesordnung. Der Widder fühlt sich durch die distanziert beobachtende und lebenskluge Jungfrau im Impuls gehindert und irritiert. Die Jungfrau wird durch die Beunruhigung und

Aktivität des Widders aus ihrer ruhigen Lebensbeobachtung und Weltbetrachtung gerissen.

Widder und Waage

Mit der Waage trifft der Widder auf das erste Zeichen im Tierkreis, wo sich ganz unterschiedliche Eigenschaften zu einer harmonischen Verbindung fügen können. Durch das Fehlen eines festen Standortes aus seismographischer Harmonie- und Umweltempfindlichkeit bietet die Waage ihrem Widder-Partner den weiten Raum der Toleranz, den dieser zur Entwicklung seiner Anlagen braucht. Die gegensätzlichen Verhaltensweisen bieten im Vergleich zum vorangegangenen Zeichen der Jungfrau deshalb keine Reibungsflächen, weil sie in ihrer Struktur so geartet sind, daß sie einander nicht behindern.

Die Waage ist das Symbol der Dämmerung. Dem Leben noch zugewandt und doch schon abgewandt, symbolisiert sie den Raum zwischen Lebensende und Tod, zwischen Abschied und Neubeginn, zwischen Erinnerung und Hoffnung. Mit ihren Waagschalen wägt sie das Leben gegen den Tod, das Gestern gegen das Morgen. Als Sinnbild versöhnt und trennt sie zugleich Vergangenheit und Zukunft. Zu ihren bevorzugten Merkmalen gehört daher eine Gefühlsneutralität, wie man sie in dieser reinen Form im ganzen Tierkreis nicht wieder Findet. Die Waage ist das Symbol des Friedens und Ausgleichs schlechthin. Es gibt fast nichts, was die Waage nicht ausgleichen kann. Ihre emotionelle Kühle und die Ausgewogenheit des Gefühls sind bestens geeignet, die aggressive Lebensführung des Widders auszugleichen. Dafür ist ein Widder in der Lage, die fehlende Handlungsfähigkeit der Waage in ein gesundes Verhältnis zur eigenen Spontaneität zu bringen.

Allerdings neigt die Waage aus einer tief verwurzelten Unausgewogenheits-Empfindsamkeit des Gefühls bisweilen zu einem übertriebenen Formalismus. Diesem Schutzverhalten steht der großzügig denkende Widder oft verständnislos gegenüber. Daher wird es charakteristisch für diese Verbindung sein, daß man sich in Kleinigkeiten aufreibt und in den wesentlichen Dingen versteht und unterstützt.

Widder und Skorpion

Wenn sich ein Widder unglücklich verliebt, steckt wahrscheinlich ein Skorpionstachel in seinem Herzen. Obwohl der Widder keineswegs talentiert ist, mit diesem gefährlichen Sprengstoff umzugehen, besitzt er eine unerklärliche Liebe für dieses Tierkreiszeichen. Zunächst steht er mit seiner Bewunderung auf ziemlich verlorenem Posten. Seine werbenden Bemühungen richten so wenig aus, als verehre er ein Denkmal. Der Skorpion hat sich nämlich schon längst entschieden. Er mag jemanden, oder er mag ihn nicht. Überreden, einfangen oder verführen läßt er sich nicht. Der Widder ist für ihn ein so offenes Buch, daß er sich nur selten der Mühe unterzieht, darin zu lesen. Bestenfalls ist er amüsiert und nimmt die Anbetung mit aufreizender Selbstverständlichkeit hin. Aber ganz gleich, ob der Widder leidenschaftlich oder aggressiv auf diese kühle Herausforderung reagiert, es ist so wirkungsvoll, als versuche jemand, mit einem Blasrohr und einer Ladung Erbsen einen Elefanten zu erlegen.

Der Widder ist seinen Emotionen ausgeliefert. Der Skorpion paßt die seelischen Bedürfnisse einem leitbildhaften Vorstellungsleben an. Er zimmert sich ein Gerüst, dem alles untergeordnet wird. Nur hin und wieder erlaubt sich der Skorpion eine gefühlsechte Reaktion – so wie andere Leute am Sonntag die guten Zigarren aus dem Schrank holen. Durch diesen Mangel an Lebenswärme kommt es leicht zu einer seelischen Isolierung, die der Skorpion mit einer distanzierten und disziplinierten Denkweise auszugleichen versucht.

Wenn sich Widder und Skorpion auch am Ende ihrer Wege treffen können, sind sie doch wie Bergwanderer, die denselben Gipfel von verschiedenen Seiten erstiegen haben. Ihre Wege berühren sich nicht. Der Abstand zwischen ihren Zuständigkeitsbereichen ist so groß, daß sie nicht einmal Konkurrenten sind. Freundschaften zwischen diesen beiden Zeichen haben deshalb mehr Aussicht auf Erfolg als Liebesbeziehungen.

Widder und Schütze

Wenn ein Widder in der Tombola der Tierkreiszeichen einen Hauptgewinn zieht, hat er einen Schützen gewonnen. Man ver-

Syphiliskranker mit Tierkreisdarstellung, Holzschnitt von Albrecht Dürer für den Arzt Ulsenius

steht sich, ohne belastende Zugeständnisse machen zu müssen. Jeder darf das sein, was er ist. Der Partner wird nicht mit Verhaltensweisen belastet, die ihm wesensfremd sind. Die Großzügigkeit beider Zeichen garantiert eine Verbindung von dauerhaftem Bestand.

Der Schütze ist das dritte Feuerzeichen im Tierkreis. Wie bei Widder und Löwe, so ist auch seine Grundlage die Energie. Dem Widder geht es um Selbstdurchsetzung, dem Löwen um die Durchsetzung der seelischen Potenz, dem Schützen um die geistige Expansion. Deshalb finden sich in seinem Verhalten sehr viele Eigenheiten, die für die sogenannten Feuerzeichen typisch sind, doch seine Aggressivität ist weniger hautnah, die Impulsivität eher spontaner Einfallsreichtum. Keinesfalls kann er mit der seelischen Eitelkeit des Löwen konkurrieren. Der Schütze ist geistig eitel.

Die Überwindung des Lebendigen hat sich im Skorpion vollendet. Mit dem Stadium des Schützen verläßt der Tierkreis endgültig die Begrenzung und Auseinandersetzung im seelischen und materiellen Raum. Der Schütze ist das Symbol der Weite, der unendlichen Ausdehnung. Man könnte ihn einen ›Einsichten-Sammler‹ nennen. Er liebt die geistige Ausschweifung. Neben dem Fisch ist er ein Zeichen, zu dessen wesentlichen Merkmalen eine fast unbegrenzte Toleranz gehört. Er ist großzügig in der Gegenwart, weil er immer schon in der Zukunft lebt. Kein Wunder also, daß sich der Widder hier heimisch fühlt, denn hier hat er Platz und Verständnis.

Widder und Steinbock

Ähnlich wie Stier oder Jungfrau, ist auch der Steinbock dem Widder kein idealer Partner. Was beide verbindet, ist nicht Liebe auf den ersten Blick. Ein Steinbock identifiziert sich mit den Ordnungsmaßstäben der Gemeinschaft und wünscht, daß dies andere ebenfalls tun. Er ist ein geborener Pädagoge und kommt schon mit mahnend erhobenem Zeigefinger zur Welt. Sein Eintreten für Regeln wird leicht zum Maßregeln. Das Lebensgefühl beider Zeichen hat demzufolge ganz unterschiedliche Qualitäten. Bekommt der Widder sein Sicherheitsgefühl aus Bewegung und Bewegungsfreiheit, so besteht die Basis des Steinbocks aus Stabilität und Kontinuierlichkeit. Mit der Impulsivität eines Widders weiß der Steinbock nichts anzufangen. Seine festgefügte Gefühlswelt erlaubt ihm keine großen Sprünge. Mangelnde Elastizität und Anpassungsfähigkeit bewirken, daß er sich in neuen, unerwarteten Situationen nur langsam zurechtfindet. Um keiner Unsicherheit ausgesetzt zu sein, ist sein Verhaltenstrieb regelnd und planend. Bei dieser Verbindung könnte ein Wort Schopenhauers Pate stehen: Die Natur will extreme Entwicklungen ausgleichen. Also ziehen sich die Extreme an. Wie sie dann aber miteinander auskommen, kümmert sie nicht.

Widder und Wassermann

Eine Widder-Wassermann-Verbindung ist wie ein Auto ohne Bremse. Zu beerben sind beide ganz gewiß nicht. Mit diesem Gedanken sollte sich vor allen Dingen die Nachkommenschaft rechtzeitig vertraut machen. Solange man noch laufen kann, wird das gemeinsame Vermögen in Weltreisen angelegt oder wandert auf ein Spendenkonto für die bedrohte Tierwelt.

Naheliegende Ereignisse werden zu Gunsten weniger hautnaher Probleme beiseite geschoben. Das ist zwar ein typisches Wassermann-Verhalten, aber der Widder ist in dieser Richtung besonders leicht zu beeinflussen. Viele Unarten seines Partners sind auch in ihm latent vorhanden. Wie einst eine Kinderfreundschaft zwischen diesen beiden Tierkreiszeichen in der Nachbarschaft viel Unheil angerichtet hat, so verführt eine Widder-Wassermann-Beziehung auch im späteren Leben zu Unternehmungen, von denen man besser die Finger gelassen hätte. Man manövriert sich in Schwierigkeiten hinein, aber man gibt nicht so schnell auf. Wenn man einen Wassermann zur Seite hat, findet sich für einen Widder immer ein Ausweg. Der dominierende Teil dieser Verbindung ist in jedem Falle der Wassermann, ganz gleich, wer der männliche und wer der weibliche Partner ist. Ohne den Widder zu beengen, wird der Wassermann zum Leitbild. Dafür gewinnt der Wassermann, der überpersönlich sein will und deshalb nicht dazu kommt, ein eigenes Zentrum zu bilden, durch den Widder an Lebendigkeit, damit er sich nicht in Grenz- und Spiegel-Denkereien verliert, die sein Gemüt belasten. Die Verbindung ist also für beide Teile günstig.

Tierkreiszeichenmann aus dem Stundenbuch des Herzogs von Berry

Widder und Fisch

Die Netze eines Widders sind eigentlich zu grobmaschig, als daß sich ein Fisch in ihnen verfangen könnte. Und so scheint eine Partnerschaft zwischen den beiden auf den ersten Blick eine recht aussichtslose Angelegenheit zu sein. Wenn Widder und Fisch von derselben Sache reden, meinen sie noch lange nicht das gleiche. Aber trotz allem sind die gegensätzlichen Eigenschaften so gelagert, daß sie einander auch ergänzen können.

Zunächst einmal brauchen beide Tierkreiszeichen Raum und Platz, wenn beides auch jeweils eine ganz andere Wertigkeit hat. Die Uhren eines Fisches gehen nach seiner eigenen Zeit. Er kann in einer Minute Erfahrungen machen, die seine Seele um hundert Jahre altern lassen, und er kann einen Tag verträumen, als sei es eine Minute. So braucht der Fisch Raum zur Verarbeitung tausendfältiger Eindrücke und der Widder Platz zum Handeln. Auf Druck oder Beengung reagieren beide Zeichen sehr empfindlich. Der Fisch weicht auch aus und entzieht sich, der Widder lehnt sich auf. Im Bann seiner Empfänglichkeit und Einsichtigkeit läßt der Fisch die Dinge handeln. Er will Entwicklungen nicht stören, Eigenarten wachsen lassen, deshalb greift er nur selten handelnd ein. Das geht im Extremfall so weit, daß er nicht einmal Behinderungen oder Unglück abwehrt, sondern höchstens ausweicht. Hier kann ein Widder ausgleichen und eine gesunde Verbindung zur Realität herstellen. Kranke Gewächse können sich dann in einem Fischaquarium gar nicht erst ansiedeln. Der Widder reißt sie aus, macht den Weg frei, bevor sie Wurzeln geschla-

Sonnendarstellungen aus dem »Planetenbuch« von 1553

gen haben. Vielleicht sind auch ein paar Träume seines Fischpartners dabei. Die werden bald wieder nachgewachsen sein. Ein Fisch braucht allerdings Platz für tausend Träume, um eine Idee entwickeln zu können. Zerstört man seine Träume, dann untergräbt man seine Lebensfähigkeit und behindert ernstlich seine Art, die Welt zu verarbeiten. Der Fisch kann jedoch gut ausweichen. Er gehört zu den Lebewesen, die sich zum Schutz vernebeln können. So ist der Fisch das einzige Tierkreiszeichen, bei dem die Aggressivität des Widders einem Schlag ins Wasser gleicht. Die Wände, gegen die der Widder anrennt, sind aus Gummi, die Angriffsfläche ist vernebelt. Man weiß gar nicht, ob sich der Fisch noch dahinter befindet. Der Fisch entzieht sich, bis der Dampf abgelassen ist. Deshalb wird eine Auseinandersetzung zwischen Fisch und Widder immer sehr einseitig verlaufen. In günstigen Fällen ist die Widder-Fisch-Verbindung eine Art Symbiose.

Der Widder in den zwölf Häusern

Trotz der gleichen Verhaltensgrundlage ist nicht Widder gleich Widder; das wissen Sie selbst. Wir wollen Sie deshalb noch ein Stückchen näher an Ihren astrologischen Platz heranführen. Eine allgemeine Kurzcharakteristik soll Sie mit den zwölf Zeitstationen des Tages vertraut machen. Diese Stationen der astrologischen Häuser entsprechen in etwa auch den Stationen der Tierkreiszeichen.

Wir haben die jeweiligen Stationen vereinfacht in einem Baukasten-System mit Element-Formeln dargestellt, damit das Ganze leicht verständlich und mühelos nachvollziehbar ist.

Selbstverständlich kann es sich dabei nur um ein stark reduziertes Grundschema handeln, denn zu einer grundsätzlichen Deutung gehört ja auch die Einbeziehung der Planeten; und die sind selbst dann bei jedem Menschen anders über den Tierkreis verteilt, wenn die Übereinstimmung in der jeweiligen Tages-Station der Sonne gegeben ist.

Aber schon eine Übereinstimmung in der Tages-Station der

Sonnenblumen, Ölgemälde von Vincent van Gogh ▶

Sonne läßt ein Grundbild erkennen. Wir teilen nach der Methode der Münchner Rhythmenlehre folgendermaßen ein:

Aszendent:
Das Zeichen, das am Aszendenten steht, ergibt sich aus der Geburtsstunde. Sie können das unseren Schema-Horoskopen jeweils entnehmen oder auch nach den Tabellen auf Seite 106–112 errechnen.

Das Zeichen am Aszendenten stellt die Anlagen dar, es umreißt die Möglichkeiten zur Erlebnisform. Diese Anlagen sind, wie im Märchen, noch unbeweglich, unlebendig und ›unerlöst‹.

Sonne:
Sie finden die Sonne in ihrer jeweiligen Tages-Station, sprich Haus, entsprechend Ihrer Geburtsstunde in unseren Schema-Horoskopen.

Die Sonne zeigt das Verhalten, das die noch unlebendigen Anlagen zum Leben erweckt. Die Sonne umreißt die Ebene, auf der sich das Leben vollzieht. Es ist der Aufgabenweg, der beschritten werden muß, um erlöst zu werden.

Aber: Die Sonne kann immer nur das zum Leben erwecken, was als Anlage im Zeichen des Aszendenten gegeben ist. Dazu sucht sich dann das Verhalten die notwendigen Lebenssituationen einschließlich aller Umwege.

Nachfolgend dazu ein Schema-Beispiel:

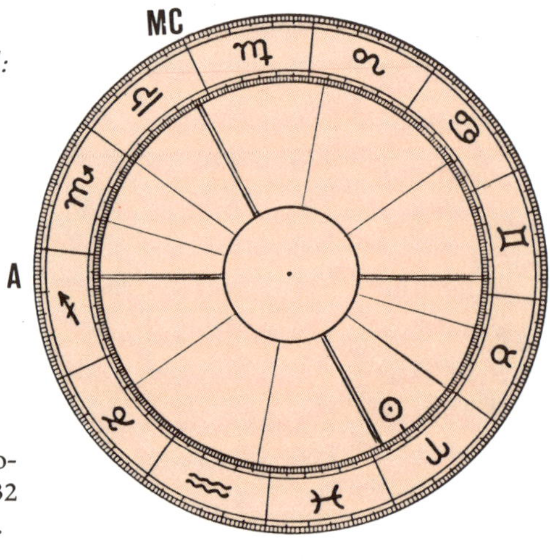

Joseph Haydn, geboren am 31. 3. 1732 zwischen 22–24 Uhr.

Zuständig ist also das Horoskopschema auf Seite 84. Sie sehen dort den Aszendenten Schütze, wobei die Sonne im 4. Haus ist.

Der Aszendent steht also im Zeichen Schütze. Nun können Sie auf Seite 94 bei den Entwicklungsstadien über die 9. Phase (Schütze bzw. Haus 9) nachlesen. Sie finden als Merkmale den unbegrenzten Denkraum, Einsichten in Zusammenhänge, die also die Anlage markieren.

Diese Anlage wird nun auf die Art und Weise zum Leben erweckt, wie es die Sonnen-Station als Zeichen des Verhaltens zuläßt.

Wir lesen den Text der 4. Phase (Krebs bzw. Haus 4) und finden im Sinne der Verhaltenstätigkeit: »Die Seele konstituiert sich, bringt sich in Form«. Das heißt nichts anderes, als sich in einer Ausdrucksform finden. Und nachdem für diese Verhaltenstätigkeit nichts anderes zur Verfügung steht als Einsichten bzw. das Auftauchen von Zusammenhängen, so ist die Ausdrucksform, in der man sich wiederfindet, wohl eher geistig-assoziativ. Daß dies bei Joseph Haydn auf so bedeutende Art geschah, liegt vor allem daran, daß der Planet Jupiter, der zum Schützen gehört, in der 10. Phase bzw. im 10. Haus steht. Er umreißt die Schütze-Anlage als »maßstäblich über die eigene Person hinaus«.

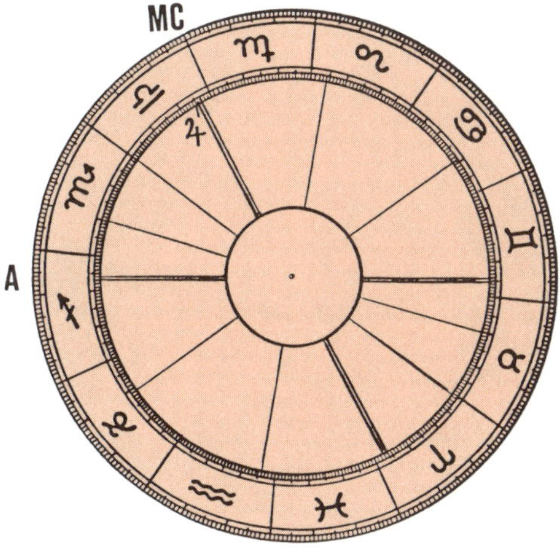

Die astrologischen Elemente des Horoskops, Holzschnitt von Erhard Schön zu einem Kalender von 1515

Sollten Sie ein individuelles Horoskop besitzen und somit die Möglichkeit haben, weiter unter Einbeziehung der Planeten strukturbasteln zu können, seien hier die Planeten genannt, die zum jeweiligen Aszendentenzeichen gehören:

Mars ♂ zum Aszendenten Widder = ♈
Venus ♀ zum Aszendenten Stier = ♉
und zum Aszendenten Waage = ♎
Merkur ☿ zum Aszendenten Zwilling = ♊
und zum Aszendenten Jungfrau = ♍
Mond ☽ zum Aszendenten Krebs = ♋
Sonne ☉ zum Aszendenten Löwe = ♌
Pluto ♇ zum Aszendenten Skorpion = ♏
Jupiter ♃ zum Aszendenten Schütze = ♐
Saturn ♄ zum Aszendenten Steinbock = ♑
Uranus ♅ zum Aszendenten Wassermann = ♒
Neptun ♆ zum Aszendenten Fische = ♓

Um Irrtümern vorzubeugen: Das Horoskop macht oder beeinflußt nicht die Anlagen bzw. das Verhalten, sondern ist vielmehr ein Anlagemodell, ein Gleichnis.

1. Haus:

Alle Anlagen, die in den sichtbaren Bereich treten. Der Trieb, sich in der konkreten Welt durchzusetzen. Die Durchsetzung des eigenen Selbstverständnisses. Man hat sich selbst am nötigsten.

Geburtszeit: etwa 4^h–6^h
Sonne Haus 1 – anfangs: Aszendent Fische
später: Aszendent Widder

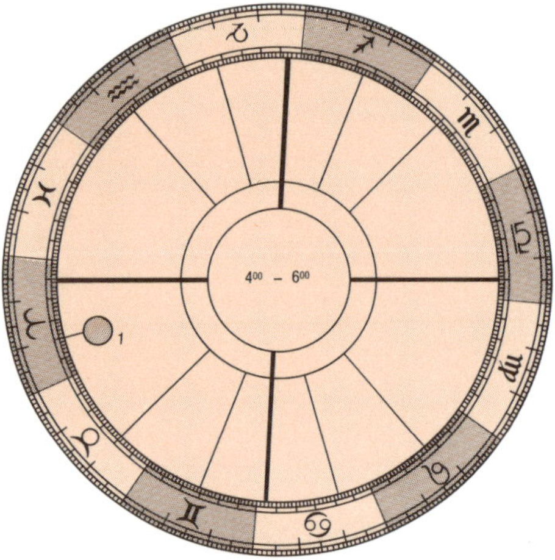

Beispiel:
Sonne Haus 1 mit Aszendent Fische: Herbert von Karajan
Sonne Haus 1 mit Aszendent Widder:
Erdbeben von San Francisco
Giacomo Casanova

Widder-Sonne Haus 1

Das Widder-Verhalten drängt die Anlagen zur Durchsetzung der eigenen Person. Also: Selbstdurchsetzung im realen Leben.

Zur Verfügung stehen:

a) Anlage Aszendent Fische (siehe auch S. 101): Das ist die Sensibilität und Empfänglichkeit für indirekte Zusammenhänge und Hintergründe des Lebens, die Erlösung von vordergründiger Vernunft und Anpassung, die man (und durch die man sich) im realen Leben persönlich durchsetzt; also selbst das Symbol für Sensibilität wird.

b) Anlage Aszendent Widder (siehe auch S. 75): Hier ist das Energie-Prinzip dreifach gegeben, nämlich Aszendent, Sonne

Herbert von Karajan ▶

ist Widder, und das im 1. Haus, das Widder entspricht. Das ist die energische und aggressive Herausforderung und Infragestellung, die man (und durch die man sich) in der realen Welt durchsetzt; also selbst zum Symbol für aggressive Herausforderung wird.

Giacomo Casanova

Notizen zu Herbert von Karajan:

Herbert von Karajan ist heute einer der großen Stardirigenten. In einer Zeit, in der das musikalische Geschehen zu einem Klassifizierungs-Konsum wurde, wird er zu einem Symbol (Markenzeichen) für geistige und musische Sensibilität und Empfindungsfähigkeit.

Notizen zu Giacomo Casanova:

Casanova ist, ähnlich wie die Figur des Don Juan, in erster Linie bekannt als *der* große Frauen-Verführer. In Wirklichkeit war dies jedoch zur damaligen Zeit nur ein wirkungsvolle Möglichkeit, die Gesellschaft herauszufordern und zu verwunden. Casanova war die personifizierte Herausforderung für alles und jeden. Er setzte sich über Gesetze und Standpunkte hinweg und stellte sie in Frage. Als dreifachen Widder müssen ihn dargestellte Ordnungs-Standpunkte ungeheuer gereizt haben. In diesem Sinne war er ein Natur-Ereignis wie ein Sturm, der die Bäume von morschem Geäst ›reinigt‹ und Unechtes lächerlich macht. Casanova wollte spüren, wo und wie das Leben wirklich ist.

2. Haus:

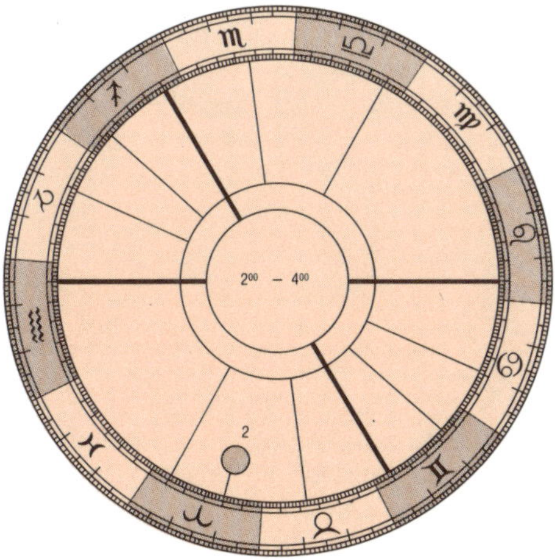

Man ordnet sich im sichtbaren Bereich und grenzt ab, um aus dem Durchgesetzten einen Bestand zu machen. Als Folgeerscheinung setzt sich eine planmäßige, konkrete Lebensordnung fest.

Geburtszeit: etwa 2^h–4^h
Sonne Haus 2 – Aszendent Wassermann

Widder-Sonne Haus 2

Das Widder-Verhalten drängt die Anlagen zur wirtschaftlichen und rechtlich-moralischen Verankerung und Sicherung im Sozialgefüge. Außerdem sollen alle Formen der Verankerung und Sicherung sichtbar gemacht werden. Also: energisch betriebene Selbstsicherung im sozialen und gesellschaftlichen Bereich. Interesse für (Straf-) Rechts- und Wirtschaftsfragen sowie für Bau- und Wohnformen.

Zur Verfügung stehen:
a) Anlage Aszendent Wassermann (siehe auch S. 97): Das ist die Aufhebung bestehender Maßstäbe, Unterschiede und Grenzen (um sich aus allgemeiner Abhängigkeit herauszuheben und zu befreien), die man (und durch die man sich) in energischer Weise zur Verankerung und zu einem Stellenwert bringen und zum festen Bestand machen will. Also Reformen auf rechtlichem, wirtschaftlichem und organisatorischen Gebiet sowie in Architektur, Bauwesen und Städteplanung.

3. Haus:

Nachdem man sich angesiedelt und in seiner Ordnung gefunden hat, sucht man Verbindung zur umliegenden realen Welt. Es sind dies alle Anlagen, die konkret in der Umwelt wirksam werden, alle Funktionen, die man braucht, um sich in der sichtbaren Welt zu bewegen: Bewegung, Wort, Sprache als Konkretes.

Geburtszeit: 1^h–2^h
Sonne Haus 3 – Aszendent Steinbock

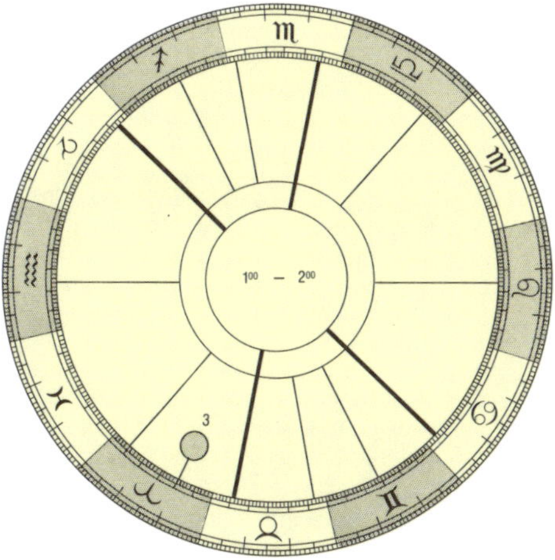

Beispiel: Arturo Toscanini
Harry Hondini – Aszendent Steinbock/Wassermann

Harry Hondini

Widder-Sonne Haus 3

Das Widder-Verhalten drängt die Anlagen in die direkte Repräsentation, in die konkrete Darstellung. Also: aktive, energische Selbstdarstellung und Repräsentation.

Zur Verfügung stehen:

a) Anlage Aszendent Steinbock (siehe auch S. 96): Das sind Traditionen, überpersönliche Maßstäbe und Formen, die man (und durch die man sich) direkt und energisch darstellt, repräsentiert und vermittelt.

b) Anlage Aszendent Ende Steinbock plus dominant Wassermann (siehe auch S. 97): Das ist die Aufhebung von bestehenden Maßstäben, Unterschieden und Grenzen, um sich aus allgemeiner Abhängigkeit herauszuheben und zu befreien, die man (und durch die man sich) direkt und energisch darstellt, repräsentiert und vermittelt. Also Unabhängigkeitsbestrebungen sowie Darstellung und Repräsentation von Reformen und neuen Entwicklungen.

Notizen zu Arturo Toscanini:

Der Dirigent Arturo Toscanini war bekannt für seine geradezu fanatische Werk- und Formtreue. Er verlangte äußerste Präzision, und seine Proben waren ebenso gefürchtet wie seine Temperaments-Ausbrüche. Mit mitreißendem künstlerischem Fanatismus brachte er vor allem die Mailänder Scala als Opernbühne zu großem internationalen Ansehen.

Notizen zu Harry Hondini:

Hondini war der wohl bis heute größte Entfesselungs-Künstler. Er stellte die Befreiung und Aufhebung von Maßstäben und Grenzen (= Aszendent Wassermann) in sehr konkreter Weise

◀ *Arturo Toscanini*

dar (= Sonne Haus 3), indem er Gefahren geradezu herausforderte (= Sonne Widder). Ob in einer Zwangsjacke an einem brennenden Seil von einem Wolkenkratzer herabhängend, ob gefesselt in einer Tonne von einer Brücke ins Wasser geworfen, niemand konnte ihn so fesseln, daß ihm die Befreiung nicht gelungen wäre.

4. Haus:

Die ›räumliche‹ Funktion hat die strukturell zur Verfügung stehenden Grenzen erreicht. Eine Weiterentwicklung ist nicht mehr möglich. Das wird als Krise empfunden. Also: Selbstbesinnung. Man bringt sich in Erfahrung. Die Seele konstituiert sich, bringt sich in Form, in ›Anwesenheit‹, und läßt sich in einer Form nieder. Das Wohnen, die Wohngemeinschaft als Seelisches. Das Wesen der Dinge begreifen.

Mit dem 4. Haus wird der Sektor verlassen, in dem es nur um die sichtbare Manifestierung geht.

Geburtszeit: etwa 23^h–1^h
Sonne Haus 4 – Aszendent Schütze

Aszendent

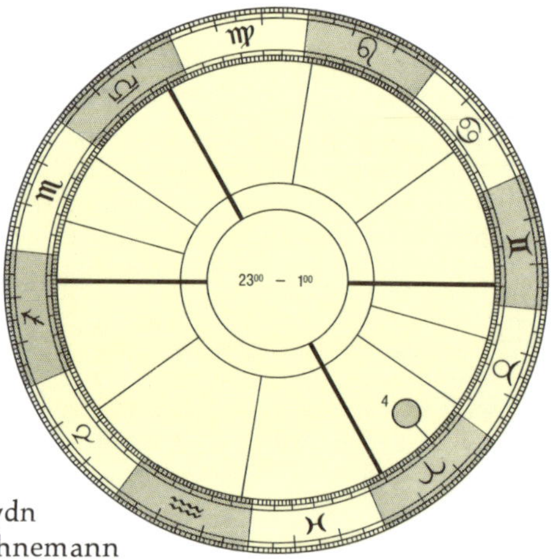

Beispiel: Joseph Haydn
Samuel Hahnemann

Joseph Haydn

Widder-Sonne Haus 4

Das Widder-Verhalten drängt die Anlagen zur Verinnerlichung, zur ›seelischen Blüte‹. Also: Seelische Entfaltung und Wesensergründung kommen in energisch betriebener Weise zu einer seelischen Ausdrucksform.

Zur Verfügung stehen:

a) Anlage-Aszendent Schütze (siehe auch S. 94): Das ist die Einsicht und das Verständnis für außerpersönliche Bereiche und Belange, die Beeindruckbarkeit, die man (und durch die man sich) verinnerlicht und in eine eigenständige Ausdrucksform bringt. Also das Wesen von Zusammenhängen und Vorgängen empfinden und in energisch herausfordernder Getriebenheit in eine Form bringen. Vorwiegend sind hier psychologische Interessen und eigenständige Tätigkeiten zu finden.

Notizen zu Joseph Haydn:

Joseph Haydn ist der Klassiker unter den großen Komponisten.

Samuel Hahnemann

In Erweiterung und Ausbau der Sonatenform schuf er die Grundlage für die Klassik. Als Komponist war er außergewöhnlich fruchtbar. Er schrieb unter anderem über hundert Symphonien und viele Klavierkonzerte. Von seinen Oratorien ist vor allem »Die Schöpfung« allgemein bekannt geworden. Seine Kompositionen sind heiter und ausgewogen. Die tragische Auseinandersetzung mit dem Schicksal galt für ihn noch nicht. Er fühlte sich noch geborgen in der gesellschaftlich-sozialen Ordnung seiner

Zeit. Trotzdem reizte ihn die Herausforderung der Umwelt. So wollte er mit seiner Symphonie mit dem Paukenschlag die bei Hofkonzerten üblicherweise einschlafenden Zuhörer mit einem plötzlichen Paukenschlag unsanft wecken.

Notizen zu Samuel Hahnemann:

Er kämpfte als Arzt für eine sogenannte reine Arzneiheilkunde, orientierte sich an dem großen Vorbild Paracelsus und gilt heute als Begründer der modernen Homöopathie. Opferbereit erprobte er seine Heilmethode in zahllosen Selbstversuchen.

5. Haus:

Aus der Selbstfindung erwächst der Lebens- und Ausdruckstrieb, der sich mitteilen, verausgaben, verbrauchen und unmittelbar leben will.

Geburtszeit: etwa 21^{30}–23^{h}
Sonne Haus 5 – Aszendent Skorpion

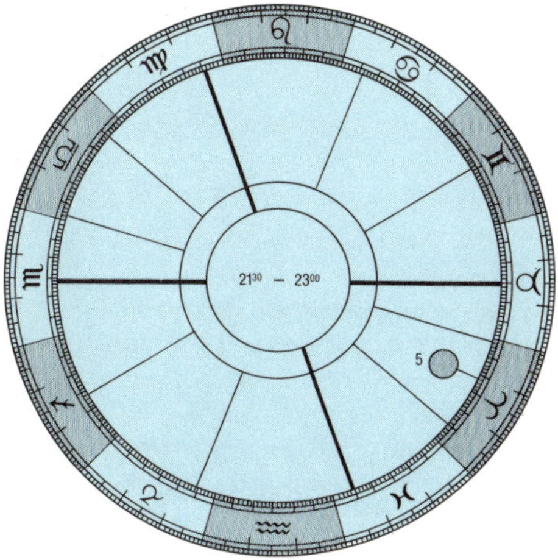

Widder-Sonne Haus 5

Das Widder-Verhalten drängt die Anlagen zur seelischen Verausgabung, zum Trieb, unmittelbar zu leben. Also: Schöpferischer Ausdrucks- und Gestaltungstrieb, unmittelbar und direkt sich verausgabende Lebenskraft.

Zur Verfügung stehen:

a) Anlage Aszendent Skorpion (siehe auch S. 91): Gebundenheit an außerpersönliche und überpersönliche Notwendigkeiten, Vorstellungsbilder und Leitlinien, die man (und durch die man sich) ausdrückt, durchsetzt und direkt und unmittelbar ins Leben umsetzt. Meist Berufe mit eigenwilliger Gestaltungs- und Organisationsfähigkeit. Hartnäckige Verfolgung ideeller Ziele oder auch fixer Ideen.

6. Haus:

Aszendent

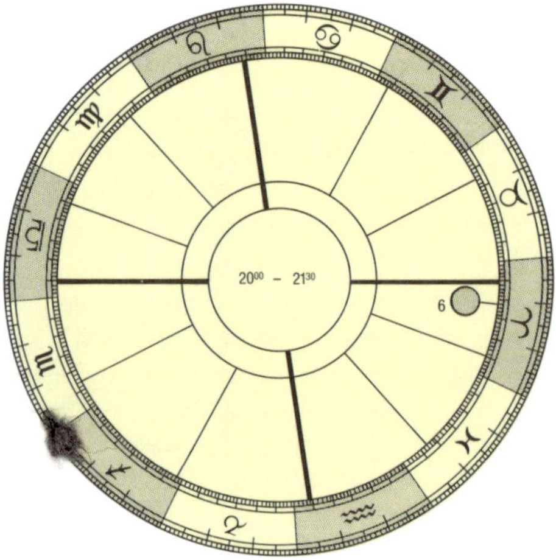

Es zeigt sich sehr schnell, daß sich der subjektive Trieb hart im Raum trifft. Folge: Aussteuerung des Lebenstriebes gegenüber den gegebenen Bedingungen, um die Lebensfähigkeit zu erhalten. Betonte Vernunft. Also alle Anlagen, die Lebensbedingungen und Umwelt wahrnehmen und beobachten, untersuchen und sich ihnen gegenüber ›aussteuern‹. Seelisches Kalkül zur Nutzung der Umwelt.

Geburtszeit: etwa 20^{h}–21^{30}
Sonne Haus 6 – anfangs: Aszendent Waage
später: Aszendent Skorpion

Widder-Sonne Haus 6

Das Widder-Verhalten drängt die Anlagen zur Beobachtung und Vergewisserung der Umwelt- und Lebensbedingungen. Also: Beobachtung und Wahrnehmung der Umwelt, um sich ihr gegenüber seelisch auszusteuern, anzupassen und energisch, entschieden und direkt zur Verwertung der Umwelt zu kommen.

Zur Verfügung stehen:

a) Anlage Aszendent Waage (siehe auch S. 90): Die ideelle Herausforderbarkeit und Begeisterungsfähigkeit, der Drang nach Außerpersönlichem, zu Begegnung, Ausgleich und Harmonie, die man (und durch die man sich) in der Wahrnehmung der Umwelt- und Lebensbedingungen ausgleichend und vermittelnd zur Anwendung bringen will.
Meist Interesse für Tätigkeiten, die ausgleichend und vermittelnd und harmonierend auf dem sozialen Sektor wirken; vielfach auch Interesse für Tätigkeiten im Sinne der Harmonierung und Verschönerung von Arbeits- und Lebensbedingungen.

b) Anlage Aszendent Skorpion (siehe auch S. 91): Gebundenheit an außerpersönliche und überpersönliche Notwendigkeiten, Vorstellungsbilder und Strukturen (Leitlinien), die man (und

durch die man sich) in existenzbedingten Tätigkeiten wahrnimmt, beobachtet und zur Verwertung bringt.
Vielfach Interesse für arbeitstechnische Untersuchungen und Abläufe.

7. Haus:

Nun hat man festgestellt, daß es auch noch andere gibt. Man hat sie erstmals bewußt wahrgenommen. Man merkt, es gibt auch andere ›Selbstverständnisse‹. Also: Es kommt zum Erlebnis der echten Begegnung. Die Anlagen: Begegnungsfähigkeit und Herausforderbarkeit. Über eigene Zweckdienlichkeit oder subjektive Triebwünsche hinaus begreift man den anderen in seiner Art. Begegnung, Hingabe (Ideen).

Damit wird der Sektor verlassen, der zur subjektiven (seelischen) Selbstfindung und ihren Folgen gehört.

Geburtszeit: etwa 18^h–20^h
Sonne Haus 7 – anfangs: Aszendent Jungfrau
später: Aszendent Waage

Aszendent

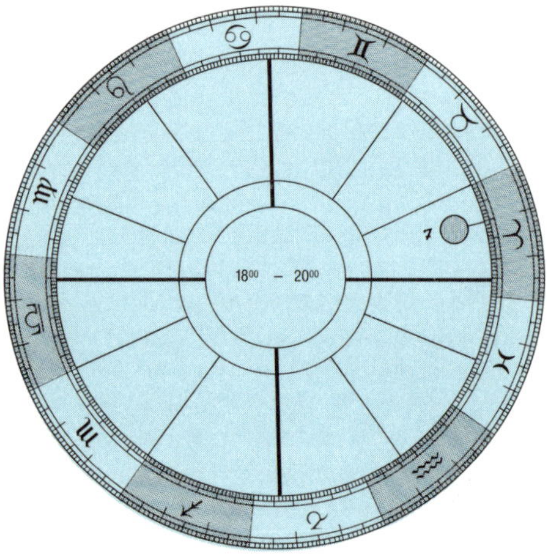

Widder-Sonne Haus 7

Das Widderverhalten drängt die Anlagen zur Herausforderbarkeit und Begegnungsfähigkeit. Also: Herausforderbarkeit durch andere Selbstverständnisse, durch Ideen und außerpersönliche Vorgänge.

Zur Verfügung stehen:

a) Anlage Aszendent Jungfrau (siehe auch S. 89): Beobachtung und Wahrnehmung der seelischen Abhängigkeit von Lebensbedingungen, deren Aussteuerung (Vorsorge zur Sicherung des Lebens), die man (und durch die man sich) für außerpersönliche Belange, Vorgänge und Ideen einsetzt. Also Koordinierungs- und Sicherungsaufgaben im öffentlichen Bereich.

b) Anlage Aszendent Waage (siehe auch S. 90): Die ideelle Herausforderbarkeit und Begeisterungsfähigkeit, der Drang nach Außerpersönlichem, zu Begegnung, Ausgleich und Harmonie, die man (und durch die man sich) in direkter und unmittelbarer (konkreter) Weise einsetzt, artikuliert, ideell ausrichtet. Also die Anteilnahme am öffentlichen Leben, mit dem Drang, gerecht, ausgleichend, harmonierend zu wirken.

8. Haus:

Man hat das Selbstverständnis oder die Notwendigkeit, aus der anderes existiert, erkannt. Also: Bindung und Verpflichtung an die Notwendigkeit des anderen oder an außerpersönliche Vorgänge. Eigentlich der Vorgang, sich an ein anderes Zentrum als das eigene zu verpflichten. Anlagen: Verpflichtungs- und Bindungstreue, ideelles Eintreten für Notwendigkeiten anderer, sich anderem verpflichten bis zu Fanatismus und Vorstellungsgebundenheit.

Geburtszeit: etwa 15^h–18^h
Sonne Haus 8 – Aszendent Jungfrau

Aszendent

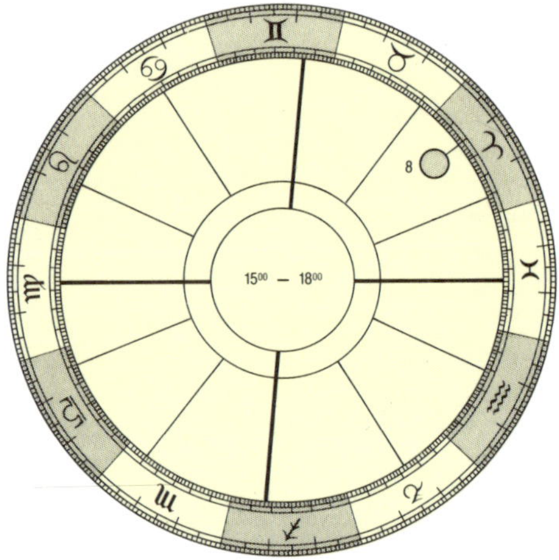

Beispiel: Alfred Kubin

Widder-Sonne Haus 8

Das Widder-Verhalten drängt die Anlagen zur Verpflichtung und Bindung an außerpersönliche Belange und Notwendigkeiten. Also: Verpflichtung an außerpersönliche Notwendigkeiten, Belange und Bedürfnisse.

Zur Verfügung stehen:

a) Anlage Aszendent Jungfrau (siehe auch S. 89): Die Beobachtung und Wahrnehmung der seelischen Abhängigkeit von Lebensbedingungen, deren Aussteuerung (Vorsorge zur Sicherung des Lebens), die man (und durch die man sich) für Notwendigkeiten, Belange und Bedürfnisse anderer einsetzt, sichtbar und bewußt macht und in den Vordergrund bringt. Also das Aufweisen, Bezeichenbarmachen und Aufgreifen von Gefährdungen anderer sowie allgemeiner öffentlicher Vorgänge.

Strandgut, Feder-Lithographie 1924 von Alfred Kubin

Alfred Kubin

Notizen zu Alfred Kubin:

Alfred Kubin war zunächst Photograph, nahm dann in München Zeichenunterricht und schuf vor allem Federzeichnungen und Lithographien. Er illustrierte die unheimlich-spukhaften Werke E. T. A. Hoffmanns, Edgar Allan Poes und Dostojewskis. Er selbst schrieb den Roman »Die andere Seite«. Zur Darstellung kommen bei Kubin immer wieder die unberechenbar oder unvorhergesehen aus dem Hintergrund tretenden Gefährdungen des Lebens. Er macht sie in einer fast zwanghaften Getriebenheit sichtbar, als wolle er sie damit, ähnlich wie bei prähistorischen Höhlenzeichnungen, bannen.

9. Haus:

Man ist über sich hinausgewachsen, das zahlt sich jetzt aus. Einsichten werden gewonnen, Zusammenhänge werden klar, das Verständnis wächst. Die Welt wird weit, der unbeengte, unbegrenzte Denkraum weckt Begeisterung. Also: alle Anlagen zur Einsichtsfähigkeit, zum Denken, das sich nicht um die eigenen Belange kümmert.

schieden der konkreten Lebensauseinandersetzung. Man will sich aus bestehenden Maßstäben aktiv herausheben.

Zur Verfügung stehen:

a) Anlage Aszendent Zwillinge (siehe auch S. 80): Die funktionelle Entfaltung, die Erschließung und Beschreibung des Umkreises und der funktionellen Umwelt, die man (und durch die man sich) überpersönlich heraushebt und damit Unterschiede, bestehende Maßstäbe und Grenzen des realen Lebens aufhebt und erweitert. Also: naturwissenschaftliche, technologische Interessen, besonders auf dem Entwicklungs- und Energie-Sektor.

b) Anlage Aszendent Krebs (siehe auch S. 84): Die Empfindung, die Besinnung auf das Wesentliche, auf innere und inhaltliche Zusammenhänge (das Wesen der Dinge und des Lebens), die man (und durch die man sich) überpersönlich heraushebt und damit Unterschiede, bestehende Maßstäbe und Grenzen des realen Lebens aufhebt und erweitert. Häufig soziale Interessen im humanitären Sinn, Sozialreformen und Verbesserungen.

Selbstbildnis des Malers Vincent van Gogh

Notizen zu Vincent van Gogh:

Van Gogh war Hilfslehrer, Laienprediger und Missionar in den Elendsvierteln des belgischen Bergwerk-Reviers. Später versuchte er, die Auseinandersetzung mit der Umwelt künstlerisch zu bewältigen. In seinen Gemälden spiegelt sich diese Auseinandersetzung deutlich wider.

Notizen zu Wernher von Braun:

Wernher von Braun ist als Raketentechniker und Weltraumforscher zum Symbol der Weltraumforschung geworden. Durch Entwicklung entscheidender Techniken hat er die Grenzen des dem Menschen funktionell erfaßbaren Raumes bis in den Weltraum ausgedehnt. Es wurde dem Menschen möglich, seinen Fuß auf den Mond zu setzen. Astrologisch gesehen, ist dies die technische Expansion um ihrer selbst willen, die Aufhebung der für die menschliche Selbstverwirklichung bestehenden Maßstäbe und Grenzen.

12. Haus:

Man hat sich von Zentren entfernt, die Peripherie der Dinge ›überflogen‹. Der Schritt aus der bewußten Anpassung an Bedin-

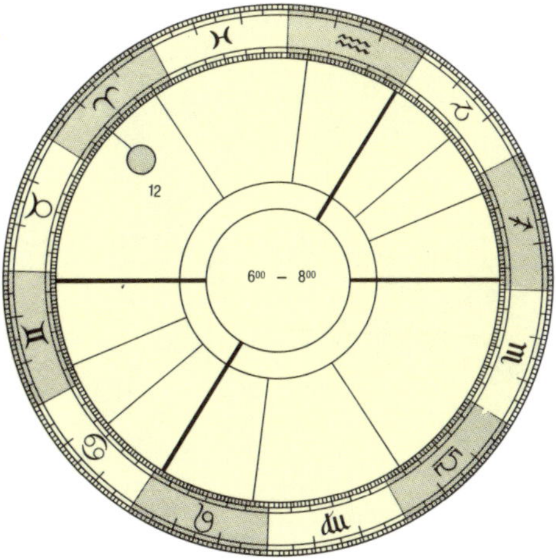

gungen und Gegebenheiten in den Hintergrund ist vollzogen. Die Erlösung von der Vernunft öffnet den Hintergrund der Dinge. Also: alle Anlagen, die geeignet sind, Vordergründe aufzulösen und sich ihnen zu entziehen, die Hintergründe der Dinge zu erfassen und sich in ihnen zu verwirklichen. Aus Unabhängigkeit vom Allgemeinen ist man unbegriffen und nicht faßbar.

Geburtszeit: etwa 6^h–8^h
Sonne Haus 12 – anfangs: Aszendent Stier
später: Aszendent Zwillinge

Beispiel:
Sonne Haus 12 mit Aszendent Stier: Wilhelm Busch

Widder-Sonne Haus 12

Das Widder-Verhalten drängt die Anlagen zur Unabhängigkeit von Vordergründigem, zum Auflösen des Vordergrunds und zum Erspüren indirekter Zusammenhänge. Also: Auflösung der bewußten Anpassung und Vernunft, Unabhängigkeit vom Allgemeinen und Auflösung der Vordergründigkeit.

Zur Verfügung stehen:

a) Anlage Aszendent Stier (siehe auch S. 80): Die Verankerung und Sicherheit in der sozialen Gemeinschaft, die Gemeinschaftsordnung und ihre Werte, die man (und durch die man sich) in Vordergründigem auflöst, aus der Abhängigkeit von Anpassungszwängen heraushält, damit Hintergründe des sozialen-gesellschaftlichen Bereichs in herausfordernder Weise sichtbar werden. Also Interesse für die Aufdeckung sozialer Hintergründe und ihre Sichtbarmachung; philosophische Interessen, Gesellschaftskritik, Interesse für Kriminalistik und Nachrichtendienst.

b) Anlage Aszendent Zwillinge (siehe auch S. 80): Die funktionelle Entfaltung, die Erschließung und Beschreibung des Umkreises und der funktionellen Umwelt, die man (und durch die man sich) in Vordergründigem auflöst, aus der Abhängigkeit von Anpassungszwängen heraushält, um Hintergründe der realen Lebensbereiche in herausfordernder Weise sichtbar zu machen. Also Interesse für die Aufdeckung und Erfassung der Hintergründe des realen Lebens und ihre Beschreibung; Interesse an Philosophie, Metaphysik, Kriminalistik und Nachrichtendienst.

Notizen zu Wilhelm Busch:

Wilhelm Busch war Maler, Karikaturist und Dichter. Allgemein bekannt wurde er durch seine volkstümlich-satirischen Bilder-Geschichten, in denen er menschliche Schwächen geißelt. Er fühlte sich selbst auf der Schattenseite des Berges und mochte Gesellschaft und Geselligkeit nicht allzu sehr.

Himmelsglobus von 1584

Wie errechne ich mein Aszendentenzeichen?

Der Aszendent ist dasjenige Tierkreiszeichen, das zum Zeitpunkt der Geburt am Ostpunkt des Horizonts aufsteigt. Die Grundlagen zur Berechnung des Aszendenten sind daher:
a) die Geburtszeit (bezogen auf den Geburtsort)
b) der Geburtsort

Um dem Laien einige Rechenoperationen zu ersparen, wurde die Berechnung mit Hilfe nachfolgender Tabellen vereinfacht. Rechenvorgang.

1. Sie korrigieren mit Hilfe der Tabelle 1 Ihre Geburtszeit, indem Sie den Minutenwert für Ihre Geburtsstadt addieren bzw. subtrahieren (je nach Vorzeichen). Sollten Sie Ihren Geburtsort in der Liste nicht finden, so genügt es, wenn Sie den Wert für die nächstgelegene Stadt verwenden.

2. Die nun ermittelte Geburtszeit suchen Sie in Tabelle 2a–d (Seite 109–112) in der senkrechten Spalte auf. In der waagrechten Leiste finden Sie Ihren Geburtstag. Im Schnittpunkt der sich ergebenden Linien liegt Ihr Aszendentenzeichen.

Sommerzeit
Außerdem ist es wichtig, für die Jahre, in denen die Sommerzeit galt, von der gegebenen Geburtszeit *eine Stunde abzuziehen*. Nachstehend die Daten der *deutschen und österreichischen* Sommerzeit.

Jahr	*Einführungs-datum*	*Ende der Sommerzeit*
1916	30. April	bis 1. Oktober
1917	16. April	bis 17. September
1918	15. April	bis 16. September
1940/42	1. April 1940	bis 2. November 1942
1943	29. März	bis 3. Oktober
1944	3. April	bis 7. Oktober
1945	2. April	bis 16. September
1946	14. April	bis 7. Oktober
1947	6. April	bis 5. Oktober (davon vom 11. Mai bis 29. Juni minus 2 Stunden)
1948	18. April	bis 3. Oktober
1949	10. April	bis 2. Oktober (Ostzone bis 18. November)
1980	6. April	bis 28. September
1981	29. März	bis 27. September
1982	28. März	bis 26. September
1983	27. März	bis 26. September
1984	25. März	bis 30. September
1985	31. März	bis 29. September
1986	30. März	bis 28. September
1987	29. März	bis 27. September
1988	27. März	bis 29. September
1989	26. März	bis 24. September
1990	25. März	bis 30. September
1991	31. März	bis 29. September
1992	29. März	bis 27. September
1993	27. März	bis 25. September
1994	26. März	bis 24. September
1995	25. März	bis 30. September

Tabelle 1

Aachen	−15 min.	Heidelberg	− 5 min.
Augsburg	+ 4 min.	Jena	+ 6 min.
Berlin	+14 min.	Kassel	− 2 min.
Bonn	−11 min.	Kiel	+ 1 min.
Braunschweig	+ 2 min.	Köln	−12 min.
Bremen	− 5 min.	Königsberg	+42 min.
Breslau	+28 min.	Konstanz	− 3 min.
Chemnitz	+12 min.	Leipzig	+10 min.
Danzig	+34 min.	Lübeck	+ 3 min.
Dresden	+15 min.	Magdeburg	+ 7 min.
Düsseldorf	−13 min.	Mainz	− 7 min.
Essen	−12 min.	Mannheim	− 6 min.
Frankfurt/M.	− 5 min.	München	+ 6 min.
Frankfurt/O.	+18 min.	Nürnberg	+ 4 min.
Freiburg i. B.	− 9 min.	Regensburg	+ 8 min.
Halle	+ 8 Min.	Saarbrücken	−12 min.
Hamburg	0 min.	Stuttgart	− 3 min.
Hannover	− 1 min.	Würzburg	0 min.

Tabelle 1a

Wichtige Städte in der Schweiz und in Österreich

Schweiz:		*Österreich:*	
Basel	−10 min.	Bregenz	− 1 min.
Bern	−10 min.	Graz	+22 min.
Brig	− 8 min.	Innsbruck	+ 6 min.
Chur	− 2 min.	Linz	+17 min.
Genf	−16 min.	Salzburg	+12 min.
Lausanne	−14 min.	Wien	+25 min.
Lugano	− 5 min.	Klagenfurt	+12 min.
Luzern	− 7 min.	Villach	+15 min.
Neuenburg	−13 min.		
Schaffhausen	− 6 min.		
St. Gallen	− 3 min.		
Zürich	− 6 min.		

Darstellung des Monats März, Lucas Cranach D. Ä. zugeschriebene Zeichnung nach antikem Vorbild

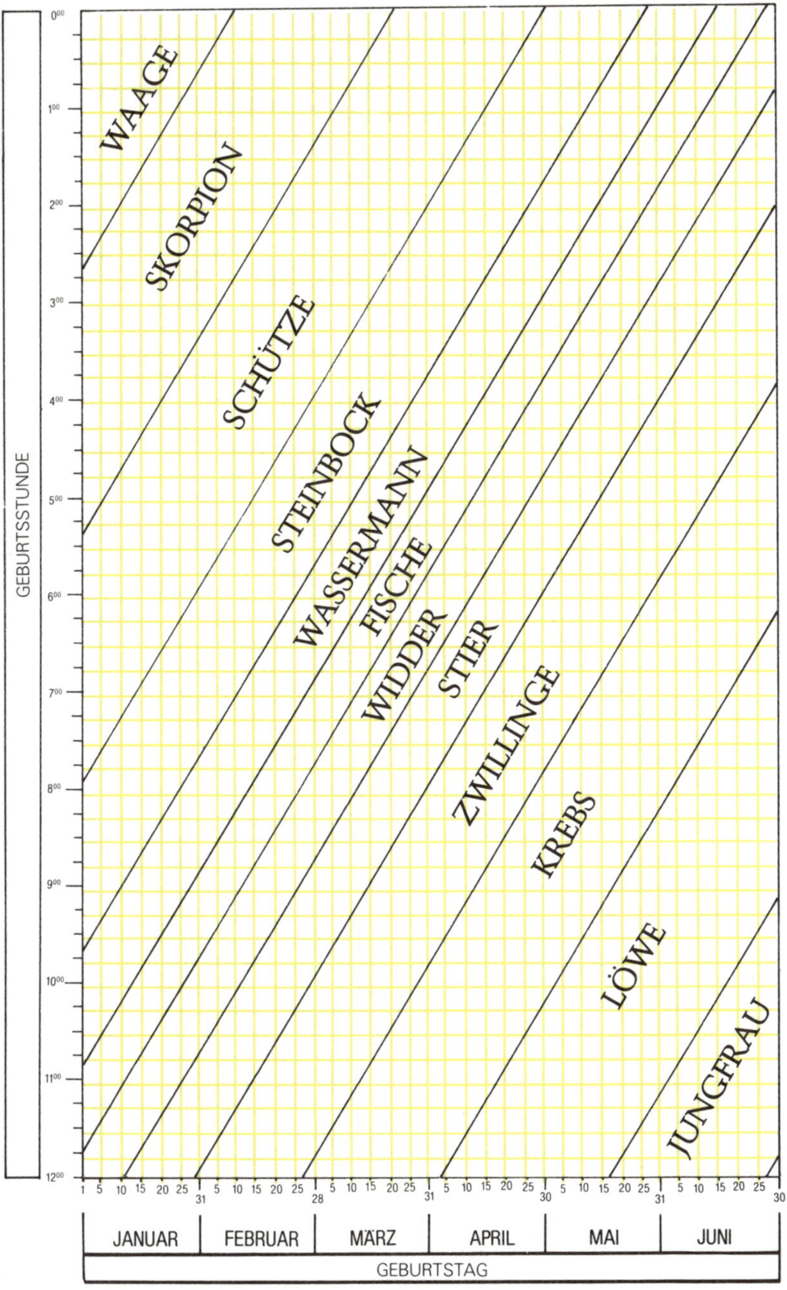
GEBURTSSTUNDE
0⁰⁰
1⁰⁰
2⁰⁰
3⁰⁰
4⁰⁰
5⁰⁰
6⁰⁰
7⁰⁰
8⁰⁰
9⁰⁰
10⁰⁰
11⁰⁰
12⁰⁰
WAAGE
SKORPION
SCHÜTZE
STEINBOCK
WASSERMANN
FISCHE
WIDDER
STIER
ZWILLINGE
KREBS
LÖWE
JUNGFRAU
1 5 10 15 20 25 31
5 10 15 20 25 28
5 10 15 20 25 31
5 10 15 20 25 30
5 10 15 20 25 31
5 10 15 20 25 30
JANUAR
FEBRUAR
MÄRZ
APRIL
MAI
JUNI
GEBURTSTAG

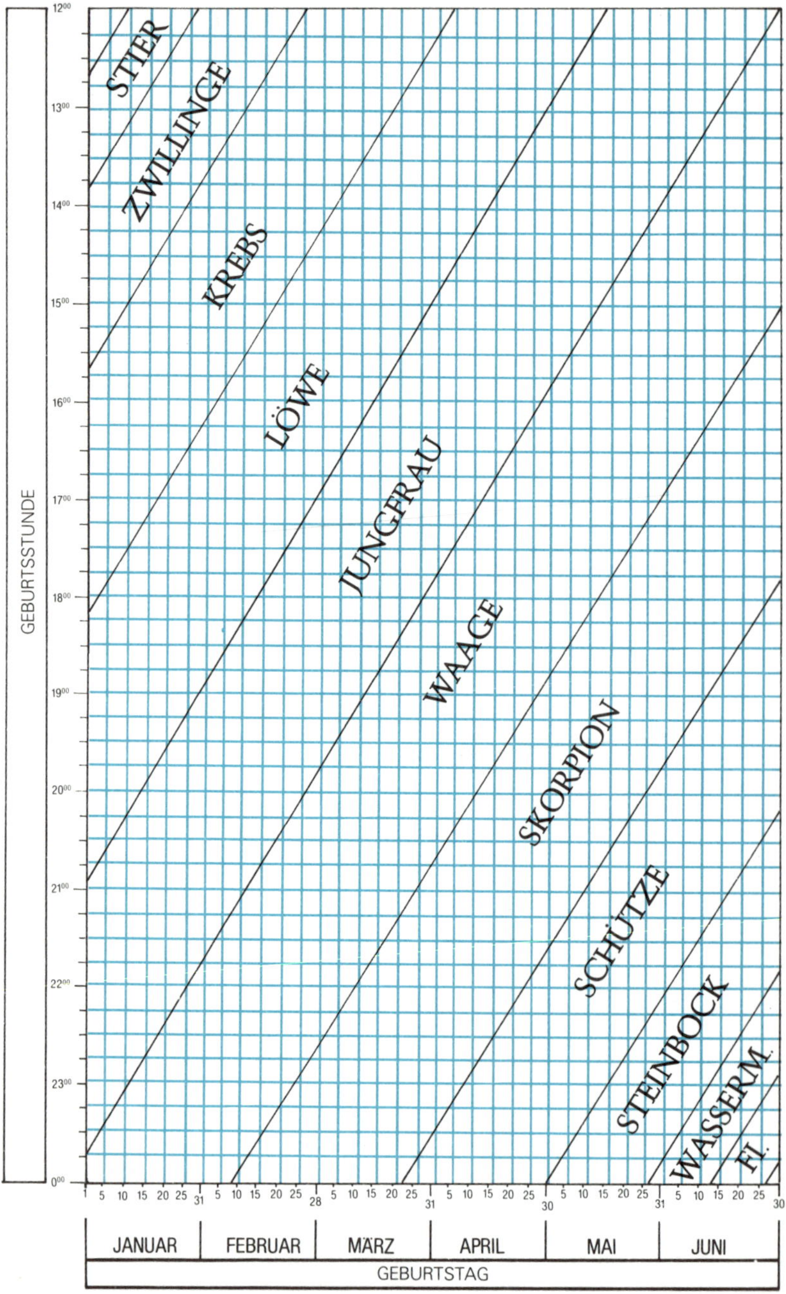

GEBURTSSTUNDE
12⁰⁰
13⁰⁰
14⁰⁰
15⁰⁰
16⁰⁰
17⁰⁰
18⁰⁰
19⁰⁰
20⁰⁰
21⁰⁰
22⁰⁰
23⁰⁰
0⁰⁰
STIER
ZWILLINGE
KREBS
LÖWE
JUNGFRAU
WAAGE
SKORPION
SCHÜTZE
STEINBOCK
WASSERM.
FI.
1 5 10 15 20 25 31
5 10 15 20 25 28
5 10 15 20 25 31
5 10 15 20 25 30
5 10 15 20 25 31
5 10 15 20 25 30
JANUAR
FEBRUAR
MÄRZ
APRIL
MAI
JUNI
GEBURTSTAG

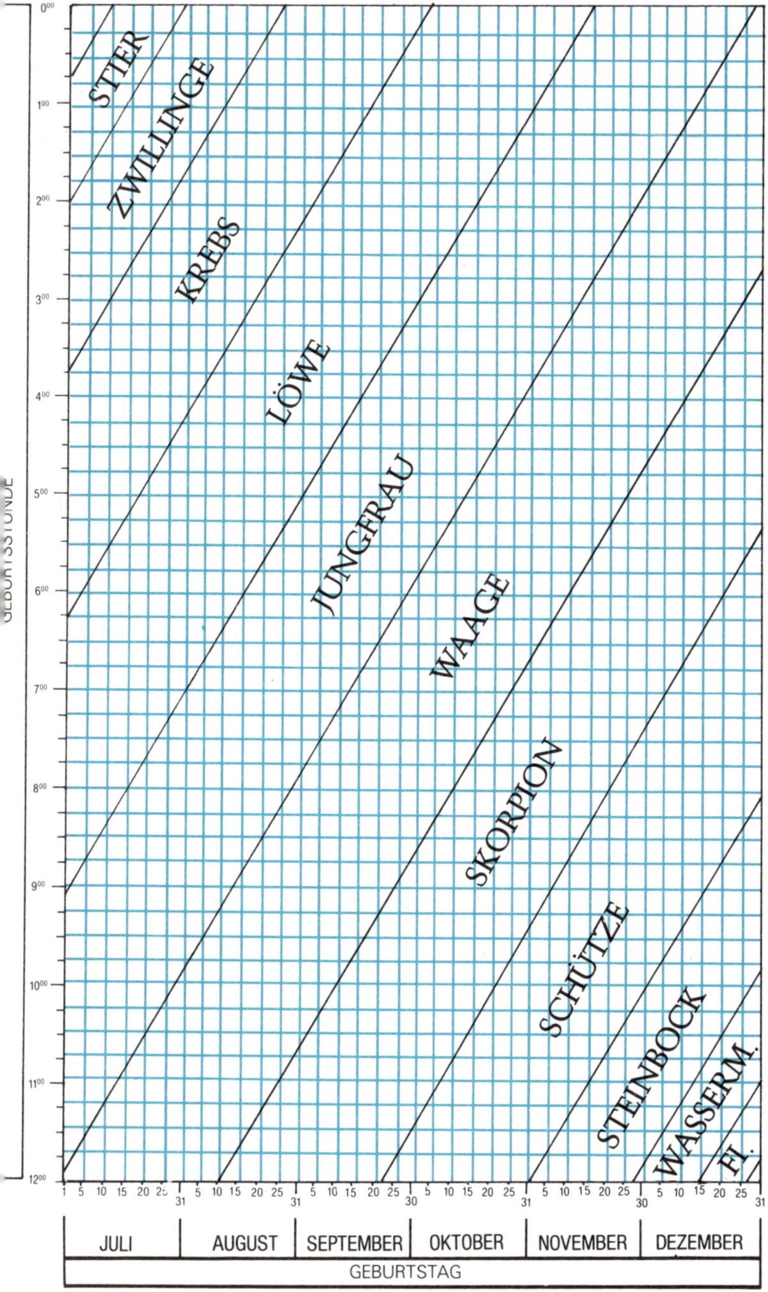
GEBURTSSTUNDE
0⁰⁰
1⁰⁰
2⁰⁰
3⁰⁰
4⁰⁰
5⁰⁰
6⁰⁰
7⁰⁰
8⁰⁰
9⁰⁰
10⁰⁰
11⁰⁰
12⁰⁰
STIER
ZWILLINGE
KREBS
LÖWE
JUNGFRAU
WAAGE
SKORPION
SCHÜTZE
STEINBOCK
WASSERM.
FI.
JULI
AUGUST
SEPTEMBER
OKTOBER
NOVEMBER
DEZEMBER
GEBURTSTAG

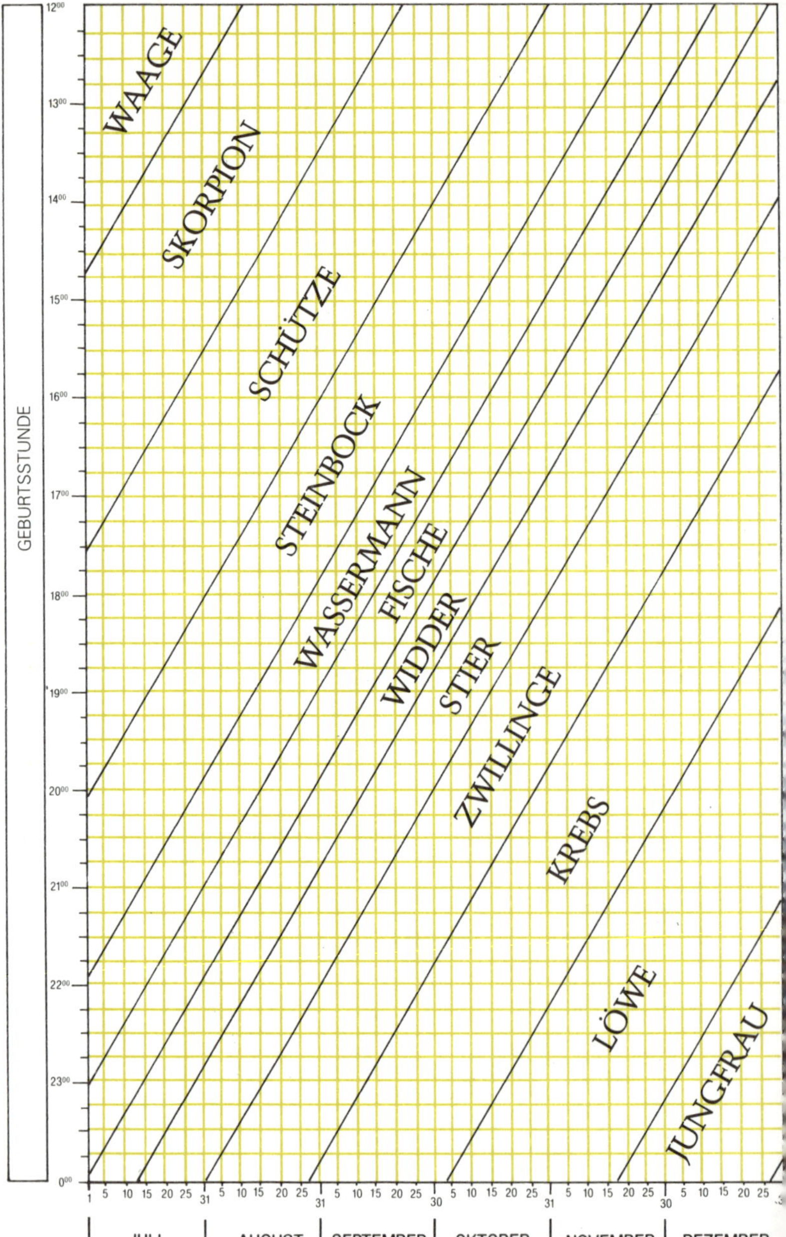
GEBURTSSTUNDE
12⁰⁰
13⁰⁰
14⁰⁰
15⁰⁰
16⁰⁰
17⁰⁰
18⁰⁰
19⁰⁰
20⁰⁰
21⁰⁰
22⁰⁰
23⁰⁰
0⁰⁰
WAAGE
SKORPION
SCHÜTZE
STEINBOCK
WASSERMANN
FISCHE
WIDDER
STIER
ZWILLINGE
KREBS
LÖWE
JUNGFRAU
1 5 10 15 20 25 31 5 10 15 20 25 31 5 10 15 20 25 30 5 10 15 20 25 31 5 10 15 20 25 30 5 10 15 20 25
JULI
AUGUST
SEPTEMBER
OKTOBER
NOVEMBER
DEZEMBER
GEBURTSTAG